［唐］阎立本《孔子弟子像》（局部）

《史记·孔子世家》记载："孔子以诗、书、礼、乐教，弟子盖三千焉，身通六艺者七十有二人。"孔子的弟子们是孔子思想学说的坚定追随者和实践者，也是儒学的积极传播者，为历代儒家尊崇。

［北宋］李公麟《孝经图》（局部）

《孝经》是古代政治伦理经典著作，也是儒家十三经之一，为孔子“七十子之徒之遗言”。上图为李公麟根据《孝经》所画图卷中的一部分，对应《孝经》中《事君章》一节的内容。

［元］佚名《画渊明归去来辞图》（局部）

陶潜，字渊明，世称靖节先生，擅长田园诗和辞赋，其《归去来兮辞》是中国辞赋中的经典之作，深刻展现了士人退隐避世的超越境界，也成为历代绘画中最受欢迎的题材之一。

［唐］孙位《高逸图》（又名《竹林七贤图》）

竹林七贤，即嵇康、阮籍、山涛、向秀、刘伶、王戎、阮咸。这七人是魏晋时期玄学的代表人物，他们在生活上不拘礼法，清静无为，其“高逸风度”为后世“清谈派”所崇尚。此图为残卷，从右到左依次是山涛、王戎、刘伶、阮籍，缺少嵇康、向秀、阮咸三人。

［北宋］佚名《莲社图》（局部）

东晋僧人惠远等十八贤士在庐山东林寺建莲社，提倡“弥陀净土法门”。莲社集结了当时庐山周边儒释两界的隐士贤者，意在共同学佛修行，后演变为净土宗。

上图中，从右到左的主要人物依次是谢灵运、陶渊明、陆修靖和慧远法师。

下图中，从右到左依次是雷次宗、昙诜、道生、道敬、耶舍尊者、跋陀罗尊者几位法师盘坐论道。

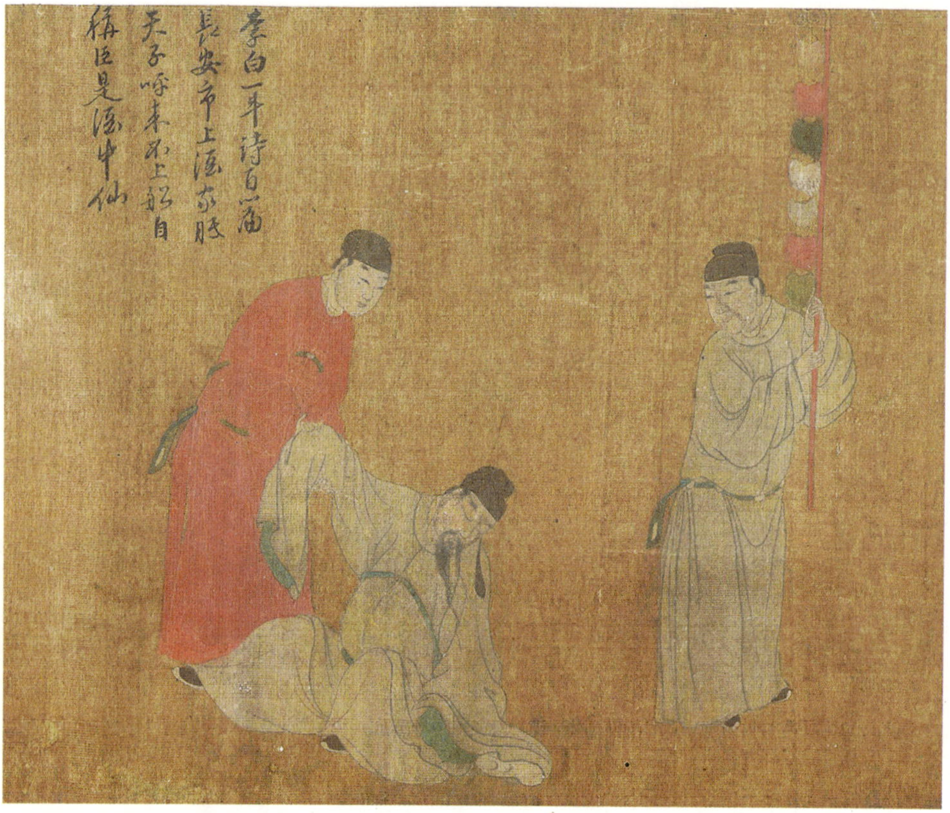

［明清］佚名《酒中八仙图》（局部）

李白，字太白，后世称之为“诗仙”。他为人豪放不羁，爱饮酒。这幅图就是根据杜甫《饮中八仙歌》中“李白斗酒诗百篇，长安市上酒家眠。天子呼来不上船，自言臣是酒中仙”所创作的李白醉酒图。

［元］赵孟頫《杜甫像轴》（局部）

杜甫，字子美，号少陵野老，后世称之为“诗圣”。杜甫一生颠沛流离，晚年遭逢“安史之乱”，过了多年的逃难生活，对民众愁苦感同身受，其作品多能深刻反映现实。

［明］钱贡《兰亭雅集图卷》（局部）

东晋大书法家王羲之在任会稽内史时，邀好友谢安、孙绰等四十一人会聚兰亭饮酒嬉戏，感兴赋诗。王羲之将这一流觞曲水中所作的诗歌结集成册，并作序一篇，这就是鼎鼎大名的《兰亭集序》。王羲之所书《兰亭集序》被称为“天下第一行书”，其内容也成为后世绘画的重要题材。

［北宋］赵佶《听琴图》（局部）

琴是中国传统雅乐的重要乐器之一，历来备受文人雅士喜爱。此图是宋徽宗赵佶松下抚琴赏曲的情景。画中用松竹石表现清幽的庭院环境，抚琴人轻拢慢捻，悠扬的琴韵仿佛从画中流淌出来。

出版说明

本书作者曹伯韩（1897—1959）是我国著名语言学家，著有多部语言学专著和人文社科类普及读物。本书最早出版于1947年，由于时代变迁，书中一些文字、句法等与现时规范不甚一致。为尊重原著，本次出版，仅对这些不合规范要求的字词、句法进行了少量修订。

特此说明。

编　者

目录

Contents

第一章 概说

所谓国学

“国学”这个名词产生于清末，但不知究竟是谁所创造。有人说，章炳麟（太炎）在日本组织“国学讲习会”，刘师培（申叔）也是“国学保存会”的发起人之一，大概他们就是“国学”这两个字的最初使用者。这是不是正确不得而知。

我们知道的是，“国学”这个名词是因为欧美学术输入才产生的。它的范围是把西学输入以前中国原有的全部学术都包括进去的。

和“国学”相当的名词，还有“国粹”和“国故”。“国粹”二字，似乎有点夸大中国学术乃完全精粹物的意思，又似乎有点选择精粹部分而抛弃其他部分的意思，所以人们觉得不甚妥当，改称“国故”。“国故”，就是本国文献的意思。不论精粹不精粹，过去的文献总是可宝贵的史料，都可包括在“国故”范围里面，这样看起来，“国故”这个名词总算是公平而完备了。但它也有它的缺点，就是只能够代表研究的对象，而不能代表研究这种对象的学问，因此大家又想起用“国故学”的名称来代替它，最后又简化而称为“国学”。

可是这个名称还不是十分合理的，因为学术没有国界，当代各国都没有特殊的国学，而我们所谓国学，从内容上看，也就是哲学、文学、史学等等的东西，都是可以作为世界学术的一部分的，而且事实上外国也已经有研究我国古代文化的人了，我们为什么不采取世界公用的名称，如中国史、中国文化史、中国哲学史、中国文学史等类的名词呢？而且对于具有种种内容的学术，为什么不加以个别的名称而必须采用笼统的总名称呢？这都是值得考虑的。

但我们为了依从习惯，并且因为中国各科学术还没有整理清楚，没有和世界学术融合为一，故只得仍旧采用国学这个名称。

国学在清代

中国学术，以周秦诸子时代最为发达，当时诸子百家，各有专长，不相剿袭。自汉代表彰六经，儒家定于一尊，诸子之学衰落，而经学成为唯一的学术。两千年来，除解释经书外无学问。

但到了清朝，似乎从解经之中有开辟一条新路的趋势。过去汉儒解经，注重字句的解释和制度的考证，但宋儒反对汉儒的方法，主张依经义而修养心性。清初学者黄梨洲、顾亭林、王船山等因宋明诸儒无补时艰，于是起而批评宋明心性之学的流弊，提倡经世致用的实学。然而他们所谓实学，仍然以通经致用为中心，因此即便是非常留心当世之务的顾亭林，也不敢稍为懈怠他的经学研究，并由经学而奠立了清代考证学的初基。

颜习斋（元）、李恕谷（塨）继起，提倡实践，反对空言，无论性理考据，都在排击之列，但由于他们要实行三代政治，最后也不得不归于考古。

其后戴东原（震）出来，一方面以新理学姿态批评宋明思想，另一方面继承顾亭林的考证学而加以发展。同时惠定宇（栋）亦标榜汉学。

惠、戴以后，继起有人，考证学派于是占了学术界的支配地位。但正统的考证学派继承东汉经师为学而学的精神，埋头研究，不谈现实政治。

到道光、咸丰以后，内忧外患交逼而来，不容许士大夫脱离现实，于是正统汉学又逐渐衰落了。代之而兴的有继承西汉学者经世致用精神的公羊学派。

公羊学派中的康（有为）、梁（启超），最后亦不严格地遵守西汉经说，而直接以己意解释孔孟，以作维新运动的根据。

清代思想如再进一步，就有解脱孔孟束缚的可能。本来正统派中著名的学者如王念孙、王引之、俞樾、孙诒让以及最后的章炳麟，都是对孔孟以外的诸子有精深研究的，他们开始的时候只是“以子证经”，拿子学做经学的工具，其结果便使搁置了几千年的诸子学说也为之昌明。又，康梁派之谭嗣同，更主张“冲决一切网罗”（见《仁学》）。这种发展的趋势，非至推倒孔孟偶像不止，是显然的。

因此梁启超曾说清代很像是中国的文艺复兴时代，但是有一个问题，欧洲的文艺复兴，是研究希腊罗马的古学，解放中世纪的思想镣铐，其结果引起了近代科学的勃兴；中国的文艺复兴，是阐扬周秦时代的古学，解放秦汉以来儒家思想的束缚，其结果应当也引起科学的发达。可是我国的科学为什么没有发达起来呢？这是清代社会经济发展的停滞及反动政治的妨害所致。

如上所说，清代考证学派本来是因纠正性理学派的缺点而起，性理学派的缺点是空疏而不切实用，考证学派以客观态度研究经书，就解经而言，诚然不空疏，但是流于琐碎支离，解经也终于不得要领，至于国计民生之现实问题，更是他们所不了解的，他们学问的不切实用，仍然同性理学派一样。

晚清诸学者因为受了列强入侵的刺激，及外来思想的影响，大家对于现实问题有所主张，如康有为的倡导维新，章炳麟的参加革命，他们各自代表考证学派的一个分支，成为两千年来经学的光荣的殿军者。

辛亥革命以后，儒家的地位，至少在一般学者的眼里，已经回复到与诸子同等的地位，国学不应当再以解释经书为唯一任务，已是当然之理，而自己创立的学说，尤其不必假托古人的招牌来传布，也是毋庸多说的。

不过前代学术的源流和得失，可供我们借鉴的地方很不少，而且他们整理古代典籍的成果，很可以供我们利用，所以我们不能忽视。

国学的分科

中国学术向来无所谓分科，一般儒者都是以万能博士自命，他们常说“一物不知，儒者之耻”，所以那些学者的全集里面，也有诗词歌赋的文学作品，也有评论史事的论文，也有代圣贤立言的经书注疏，可说对整个学术范围内的各方面都有所贡献。但就个人的才性及用力的浅深说，本来不能不有所偏至，所以一些有名的学人仍然只能以一种专长著名，如朱熹以理学著名，李白以诗著名，人们绝不会指朱熹为诗人，指李白为理学家。所以事实上，国学仍然是分了部门的。

曾国藩把学术分成“义理”（性理之学或理学）、“考据”（考证学）、“词章”三大部门（戴东原亦曾如是分类），他写给他弟弟的信说：“盖自西汉以至于今，识字之儒，约有三途：曰义理之学，曰考据之学，曰词章之学，各执一途，互相诋毁。兄之私意，以为义理之学最大，义理明则躬行有要，而经济有本。词章之学，亦所以发挥义理者也。考据之学，吾无取焉矣。此三途者皆从事经史，各有门径。吾以为欲读经史，但当研究义理，则心一而不纷。是故经则专守一经，史则专熟一代，读经史则专主义理，此皆守约之道，确乎不可易者也。若夫经史而外，诸子百家，汗牛充栋，或欲阅之，但当读一人之专集，不当东翻西阅。”

在这个指导读书方法的信中，我们看到他怎样说明三大部门的学术，怎样主张选科，并且指出在义理一门之下，还可以按照经书的种类及史书的朝代而分科研究。不过三大部门的研究对象，都是经史，整个学术范围非常狭小。诸子百家，只当作参考书，全部学术集中在儒家一派的范围以内。三大部门的重要性，是义理第一，词章第二，考据最末了，他的话完全是宋明以来儒家正统派的传统意见。

义理之学，照理应该还有老学、墨学等的专科，但因儒家的独占，就没有它们的份儿了。

词章之学，包括诗及古文两个主要部门，其次有赋、词、曲、骈文等。现代文学所尊重的小说及戏曲，过去不被重视。

考据之学，除按照经书的种类分科外，又按照问题性质而分科，如专门考名物制度的狭义的“考证学”及专门考文字训诂的“小学”，以及专门考书籍源流真伪的“校雠学”，是三大科别，此外还分出许多独立的部门，如小学内分出音韵学、训诂学，以及金石学、甲骨学等，校雠学又分成目录学、校勘学、版本学等。

国学的派别

讲实证的学术，分科繁而派别少，尚玄思的学术则相反。国学以古书为对象，文字艰深古奥，又不免有遗漏和错误，后世的人无法去找古代的原作者来质疑，就只好凭自己的意思来解释，因解释的不同，派别便产生了。

以前说的“义理”“考据”“词章”三种学术，虽然是三个部门，但同时也是三个派别。因为学者所采取的道路不同，对于同一古书的解释亦会得到相异的结果，所以曾国藩说他们“各执一途，互相诋毁”。

在考据学全盛的清代中期，所谓桐城派词章之学也抬起头来。桐城派文人以“载道之文”相标榜而讥诮考据学的支离破碎，无补于圣道。考据学者则讥诮桐城派文章没有内容，根本无所谓“道”。考据学者批评义理之学的空疏，可是义理学派也讥诮他们的破碎支离。这几派之中，考据派在学术界虽然称霸，但清政府所奖励的却以义理之学为主。

义理学派即所谓宋明道学，因其解释经书遇着难解之处，不去找许多古书参证，考查原来的意义，只是“望文生义”，照字面去讲，所以人们说它空疏。其实这个学派不是完全不查考古字的意义，不是完全不注意古书的遗漏错误，我们一看“四书”的朱注便知。这个学派的特点，是在于借孔孟的话来宣传自己的学说，朱熹（晦庵）的《四书注》，就是宣传他的理气二元论。陆九渊（象山）更公然说“六经皆我注脚”。

的确，他们表面上是注解经书，实际上是拿经书注解自己。可是朱熹还不敢公然这样讲，他的意思只是说，按照人情物理，孔孟的这些话应当这样解才对。朱氏是主张“格物致知”的，这就是从研究人情物理去了解孔孟之道。因为这一点，使朱陆又分成两派。

朱氏的学术，渊源于程颐（伊川），所以这派叫程朱派。陆象山之学，到明代王守仁（阳明）而有彻底的发展，所以这派叫陆王派。

程朱之学，讲求穷理尽性，称为“理学”。陆王也讲理，但程朱的理有客观性，而陆王的理是纯主观的，陆氏说“心即理”，所以人们为与程朱的理学分别起见，又叫陆王之学为“心学”。

义理之学大致和现代所谓哲学相同，所以有派别，无分科。考据之学和现代所倡社会科学相像，所以有分科，也有派别。可是因为研究的对象不是社会而是古书，所以考据之学的派别，不是从理论上分的，而是从古书的传授系统上面分的。

汉代在秦始皇焚书坑儒以后提倡经书的研究，许多儒生都用当时通行的隶书写经书进献，据说是因为古经原本已不容易觅取，他们这些儒生都是凭着口耳相传的方法，一代一代地传授下来的。

后来却有人贡献古本经书了，那些书据说是藏在什么古建筑物（如孔子故宅）的夹壁中间，或者什么山岩里面，被人家发现出来的。有了这一套古字的原本，于是就有一班儒生来研究它。

由于这种版本和前面那种所用的文字有古今的不同，于是在研究者方面就分出今文派和古文派。其实两者的分别不但在文字上，就是内容也有不同的地方，特别是思想方法方面（这点后面再说）。

这两派经学家所做的事，或系考证古书的真伪，或系考证古书上的名词器物和制度，或系探讨古代文字的意义，或系探讨经书的微言大义，所以一般称为考据之学，因为考据之学创于汉朝，又称“汉学”，而和汉学相对待的义理之学，因为创于宋朝，就叫“宋学”。

在词章之学方面，古文和骈文不但是两个门类，同时又是两个派别的名称。骈文是四六对偶的文体，古文（这个古文和经学上的古文，名同而实异）是不要对仗的散文，研究骈文的就反对古文，研究古文的就反对骈文，因而形成两大派别。清代除这两大派对立外，古文派内部又有桐城派和阳湖派的分别。

进步的方法与贫乏的内容

考证学派所用的方法是欧洲研究自然科学的方法。我们从考证学大师戴东原的治学方法可以证明。梁启超曾举出它的十大特点，大意如下：

（一）凡建立一个主张，必须依靠证据。

（二）选择证据，以时代为标准，时代越古的证据，就越认为可靠。

（三）孤单的证据不能建立确定的结论：其无反证者暂时保存之，得有续证则渐又信仰之，遇有力之反证则抛弃之。

（四）隐匿证据或曲解证据，都认为不道德。

（五）最喜欢集合许多同类的事项，做比较的研究，而探寻其一般的规律。

（六）采用旧的学说，必须明显地引用，反对暗中偷用。

（七）彼此见解不同，尽量发展论争，弟子也可以驳难本师，被批评者并不生气。

（八）论争以本问题为范围，采客观的理智的态度，对于对方意见亦同样尊重，反对谩骂讥讽及牵涉题外。

（九）喜欢专门研究一个问题，做深入的探讨。

（十）文体主张朴实简洁，反对啰啰唆唆。

以上这十种方法，显然是西洋所谓实证主义的具体应用。

胡适也曾经说过清代考据之学的特点有两个：

（一）大胆地假设；

（二）小心地求证。

这两者就是科学方法的要点。

清代学者所用的方法虽然是进步的，但所研究的对象非常狭隘，所获得的成果非常微末——虽然有极可宝贵的收获，但就多数学者所耗费的精力而比例地说，那成果是相对地小。除天文学及算学外，广大的自然科学领域完全不被清代学者涉及。

即就古学而论，所谓名物制度的考证是很少有辉煌的成绩的。最大的收获只是在文字训诂方面。当时以考证著名的有戴东原及惠栋两派，戴派比较富于批评精神，研究的成绩就比较多，文字训诂方面的收获是他们的功劳；惠栋派拘守汉儒传统，缺乏批评精神，其考证支离琐碎，不得要领。

欧美学术的影响

欧洲自然科学的输入不自清末始，在明代就开始了。

从明万历十一年（1583年）到清康熙三十九年（1700年）之百余年间，西洋教士来到中国的有七十四人，著书二百七十种，除关于宗教者外，还有关于数学、天文学、地理学、农学、伦理学等学科。

中国历法，因受这个影响而有所改革。经学家因受这个影响而将天算之学纳入经学的范围，他们认为，经书里面有说及天象及历法之处，研究天算专门之学，正是通经致用的一部分工作，所以当时考证学大师戴东原，对天文及数学有相当的造诣。

因此，考证学派采用科学方法以研究经学，也不能不说是受了西学输入的影响。这个影响如果扩大，各种自然科学都有从经学里面逐渐生长出来的可能。例如从《禹贡》的研究，已产生了地理学的一部分（沿革地理）；从《毛诗》草木虫鱼的研究，可以产生动植物学。

但因为当时社会经济没有新的发展，政治方面又为雍正帝的高压政策及乾隆帝的怀柔政策所笼罩，加之，罗马教皇禁止中国天主教徒保存奉祀祖先等项旧的习俗，大为中国士大夫所不满，以致欧洲来华教士大受排斥，中西交通为之中断，所以西学影响，仅达到古书研究方法上的革新为止。

“五四”以后的国故整理

传统的经学，到了康有为，已经发展到了顶点，正统的考证学派（古文派），到章太炎也可告一段落。过此以后，人们都采用新工具、新材料来研究中国古文化了。

完全采用新观点来整理国故，是从“五四”以后开始的。“五四”以后与“五四”以前的不同，在于批判精神的充分不充分。康、章二氏对于流俗之见虽然敢于批评，终于不敢彻底推翻传统的偶像，比方康氏要依傍孔子而传播民主政治的思想，章氏则始终不肯逾越汉代古文经学家的范围（他谈文字学，以许氏《说文》为绝对可靠，反对旁人根据甲骨文、钟鼎文以批评许氏之说）。

“五四”以后，胡适、梁启超、顾颉刚诸氏的整理国故，是没有丝毫偶像观念的。胡适曾说新思潮的运动对于中国旧有学术的思想，采取评判的态度，分开来说：第一，反对盲从；第二，反对调和；第三，主张整理国故。他解释第三点说：整理是从乱七八糟里面寻出一个条理脉络来；从无头无脑里面寻出一个前因后果来；从胡说谬解里寻出一个真意义来；从武断迷信里面寻出一个真价值来。第一步是条理系统的整理；第二步要寻出每种学术思想怎样发生，发生之后有什么影响效果；第三步要用科学的方法，做精确的考证，把古人的意义弄得明白清楚。

胡适又说前人研究古书，很少具有历史进化的眼光（以上所引，均见《新思潮的意义》一文）。这一点尤其足以区别今人与前人研究国学的精神。现在一般学者都具有历史进化的眼光，所以再没有人硬派孔子做民主主义者，也不因为他的反民主思想而谩骂他。

《新青年》杂志及《吴虞文录》上面的评孔文章，虽然不免缺乏历史观念（因为它们不大分析孔家思想的社会背景），但是它们的主旨在于反对不合现代生活的传统思想，并不是根本否定孔子之道在历史上的价值。

自顾颉刚著《古史辨》以来，许多学者应用社会进化史的理论来整理中国古代史，考古学方面，也有若干创获，整理国故的工作在社会学帮助之下更开辟出一新的道路，而清代学者支离破碎的毛病是绝不会再犯的了。

国学与世界学术

我曾说过，国学非中国人所能私有，它应当是世界学术的一部分。这点在外国人眼中早已不成问题，如他们将我们重要的经典翻译过去，对于我们近年研究国故的著作也很注意，择优翻译，而且他们有些研究中国文化的专家，咬着牙读我们佶屈聱牙的古书，或者不远万里而来，发掘我们地底下的古物而带回他们的博物馆与图书馆去，他们又不断地考证研究，把研究的成果著为文章与专书发表出来。

当然，我国有见识的学者也早已懂得这一点，所以他们采用世界学术上的新方法、新工具来研究国学，并且也利用外国的材料，例如研究音韵学，则采用ABCD之类的音标以代替旧有的“见溪群疑……”那一套工具，参考耶费孙、高本汉那些外国人的著作，并且也采取那些外国人以西藏语、蒙古语、缅甸语等东方语言与汉语比较研究的方法；又如研究程朱的理学，而与西洋的亚里士多德、黑格尔哲学相比较，研究我国解释《易经》的象数之学，而与希腊毕达哥拉斯学说相比较（以及应用技术方面，拿新医学的理论与方法来整理国医，研究国产药材；应用会计学、簿记学的理论与方法来改良中式簿记等项）：都可以说是具有世界的眼光，没有故步自封、抱残守缺的陋儒习气。

然而时至今日，还有一些坐井观天的人，机械地把国学和西学或科学对立起来，以为研究国学就可以不读外国书，甚至可以不要科学知识，那实在太可笑了！

不待说，现在国学和世界一般学术还是没有打成一片，浩如烟海的四库典籍只是一堆杂乱混合的历史材料，亟待我们整理。我们固有的农、工、商、医等应用技术尽有其特长之点，亟待我们的科学工作者自己加以发掘。凡此种种，都是我们对于本国学术的应尽之责，但必须了解国学在世界学术中的地位，才能有正确的研究方针。

专门研究与基本知识

整理国故是专门研究的工作，必须分工进行，例如研究哲学的就整理哲学方面的材料，研究文学的就整理文学方面的材料，而且在哲学或文学里面，还可以做进一步的专门研究，如专门研究一派的学说，或一个时期的作品。

进行专门的研究必须具备的前提条件：一点是在现代一般学术中早已选定了专攻的部门，而且有了相当的了解；另一点是对于国学的各方面先有一个大致的认识。

不但整理国故者先须有一个对于国故的大致认识，而且连不去整理国故的一般知识分子，也须有一点关于国故的基本认识。

为什么呢？因为一个中国人，对于中国的固有文化，应该知道一个大概，才可以免掉“数典忘祖”的讥诮，这是一；尤其是因为过去的历史，与眼前的生活有密切的关联，不懂得过去就不能理解现在，这是二。

研究的态度及准备工作

初步研究国学，不能做局部的精深研究，而应当涉猎各方面，做一全盘的鸟瞰。

研究国学也不可与研究国文混同，研究国文是研究阅读及写作本国文字的技术，只可以拿小部分的古人文字作参考，不必涉及其他的方面。

研究国学的基本知识，可以涉及各方面，但也不必耗费过多的时间去读古书，只需把最重要的几种浏览一下或大致翻阅就很够了，有的人以为研究国学就是学作古文或骈文，那当然更错。

王国维有云："一代有一代之文学，楚之骚，汉之赋，六代之骈语，唐之诗，宋之词，元之曲，皆所谓一代之文学，而后世莫能继焉者也。"（《宋元戏曲史》序）如果知道前代的文学为后世所莫能继，就不必勉强地铸造假古董。我们大可以参考前代之文而另自创造我们这一代的文学。至于说能作古雅骈俪之文，就可以作高级的应酬文字，为干禄的工具，那又更把学术的地位看低了。

另有一些重视国学而头脑冬烘的人，就不免拘守通经致用的古话，以为当今之世，还是只要半部《论语》就可以治天下（这是宋代赵普的话），甚至于想考订《周礼》，行之今日。这种思想当然也不合现实需要，不是我们所应保留的。

我们尊重先民的文化遗产，同时了解它的历史意义，凡可以供现代采用的当然继续发扬，而不合现代需要的，则不必勉强继续，只需知道它在过去一定时期中的重要性就行了。

本书的讨论限于常识的范围，不是深入的研究，更不是讲整理工作，只是关于国学的初步概念提示。

可是即以初步的尝试而论，也得做做两种准备的工作。首先要读一读关于文学、哲学、史学、社会学的基本书籍，例如哲学大纲、文学概论之类，使自己对于现代学术中和国学最有关系的几个部门先有一个概念。其次是读一读近日出版的中国社会史，使自己对于本国文化演进的背景有一个轮廓似的认识。假使这种工作早已做过，那么巡礼一下国学的园地，便不是毫无意义了。

第二章 语文

研读古籍的阶梯

平常以为能读现代通行的文言文，就可以读古书，那是不对的。

因为古书中有许多文字，现代已不通用，即使可识的文字，其所代表的古代语言，也不是我们所能一目了然的。加之古书经过数千年的辗转抄写或翻印，错误颠倒脱漏，都在所难免，不经过专门家的考订，便无从理解。

例如《老子》里面有一句“夫佳兵者不祥之器”，一般文人将“佳兵不祥”作为一个成语来用，意思是穷兵黩武为不吉祥的事，其实把《老子》上的原意弄错了。清阮元序王引之《经传释词》说：“佳为隹之讹，隹同惟，老子夫惟两字相连为辞者甚多，若以为佳，则当云不祥之事，不当云器。”“兵”是干戈等武器的总名，“兵”是不祥之器，文义明显，只因“惟”字误成“佳”字，人们就读不通了。至于“惟”字只写半边，古铜器铭文已有确切的证明。

由此一例，可知学习古代语文是研究古代典籍的必由之路。所以戴东原说：“经之至者道也，所以明道者其词也，所以成词者字也，由字以通其词，由词以通其道，必有渐。”

所谓小学

研究古代语文之学，自汉以来，称为小学。许慎《说文解字叙》说："周礼八岁入小学，保氏教国子，先以六书。"

"六书"即识字的课程，保氏是小学的老师，国子是公卿大夫的子弟，《周礼》所说，是周代贵族子弟的教育制度，汉代却用小学来代表其中的一种课程——六书，可说是名词的滥用。

汉以后所谓小学的内容，和周时小学中的六书课程也不相同，周代的六书课程只是教儿童认识当时通行的文字，汉以后的小学却是考究文字的源流，是专家学者的事业，不是小学生的功课。

汉班固《汉书·艺文志》开列各种书目，纳小学一类的书，如《仓颉》《凡将》《急就》《别字》等都是"包举杂字"，或字典性质的书，自此以后，凡属解释文字的书都称小学。

清代修《四库全书》，将小学类分为训诂之属、字书之属、韵书之属三种。小学类的书，列在经部书籍的末了，因为过去学者以经学为中心，认为小学不过是读经的工具。

现代学者对于这门学问，已经正名为文字学与语言学，并且不把它附属在经学里面，因为古代语文的研究，对于社会学、史学及古代各派哲学（诸子）的探讨都有关系，不仅和六经有关。

六　书

“六书”是造字及用字的方式，其名称与次序，有几种讲法。

汉刘歆及班固的讲法是：（一）象形；（二）象事；（三）象意；（四）象声；（五）转注；（六）假借。

许慎的讲法是：（一）指事；（二）象形；（三）形声；（四）会意；（五）转注；（六）假借。

一般文字学家多采用许氏的名称，但次序以刘班两氏所定者为比较合理。现在依刘班次序及许氏的名称与定义略加解释。

象形——许氏说：“画成其物，随体诘诎，日月是也。”“日”字，篆文作圆形象太阳，内一画是象日中的斑点。“月”字，篆文象缺月之形。除“日、月”外，如“山、水、牛、羊、鱼、鸟、米、禾、门、户、子、女、君、臣、手、足、耳、目”等都是象形，看篆文即可明白。

指事——许氏说：“视而可识，察而见意，上下是也。”上下的意思是抽象的，没有一定的形可以画，于是画一横线作标准，再在横线的上面或下面作一符号来表示之。篆文上这符号就是一较短的横线，或作直线。其他例子如“中”，以口象四方，以丨为表示中央的符号。如“一”“二”“三”，以横线表示数目。如“刃”，在刀口作一记号。如“本”，在

“木”的下部作一符号，表示根部；“末”，在“木”的上部作一符号，表示树梢；“朱”，篆形米，在“木”的中部作一符号，表示木的中心。

会意——许氏说：“比类合谊，以见指挥，武信是也。”会意是合两三字为一字，合旧字的意义以形成新意义。例如“止”“戈”为武，就是合“止”“戈”两字的意义，来表示“武”乃是制止战争的行为。“人”“言”为信，就是合“人”“言”两字的意义，来表示“信”乃是人类说话的道德。其余的例子如“祭”由“又”“肉”“示”（古“祇”字）三字合成，即以手（“又”字即“手”字）持肉祭神之意；如“苗”有草生于田之意；如“炙”有以火烧肉之意；如“绞”有绳索相交之意。

形声——许氏说：“以事为名，取譬相成，江河是也。”形声字是由形符与声符两部分合成的，如“江”“河”两字，水旁是形符，“工”“可”是声符。形符是表示这类事物的总名的，所谓“以事为名”就是关于形符的说明；声符是表示这一事物的语音的，即用声音相同或相似的固有之字来担任，所谓“取譬相成”就是用别的同音字来比譬，以构成此一新字的意思。形声字在汉字中极多，《说文》九千三百余字中，形声占七千六百九十字；宋郑樵《六书略》中，计二万一千三百四十一字。形符与声符的配合，有左形右声的，如“江”“河”；有右形左声的，如“鸠”“鸽”；有下形上声的，如“婆”“娑”；有外形内声的，如“园”“圃”；有内形外声的，如“闻”“问”。

转注——许氏说：“建类一首，同意相受，考老是也。”这是字义上的现象，与字的形体无关。转注就是互训，凡意义相同的字，彼此可以互相训释，就叫转注，所以说“同意相受”。“建类”之“类”就是声类，“一首”之“首”就是语根，“建类一首”就是立一声类以为语根，其后虽辗转变化，而语根的声母与韵母，或者能够完全保存或者保存一部分。这就是说，凡转注字，声音相同或相近，而意义又能互相训释。按许氏所举的“考”“老”两字，韵部相同，意义也相同。其他的同义字，如“谋”“谟”同属轻唇音，“颠”“顶”同属舌头音，“稿”“秆”同属后腭音，都是声母相同的。

假借——许氏说：“本无其字，依声托事，令长是也。”这也是字义上的现象，与字的形体无关。转注是一个意义而有几个字，假借是一个字而有几个意义。假借字的发生，是由于语言中发生了新语汇，而没有和它相当的文字，所以说“本无其字”；于是借用同音的旧字来代表它，所以说“依声托事”。而就文字方面说，是在旧字上赋予新的意义。因此凡字有许多意义，除本义外，都属于假借义。“令”的本义是“发号”，“长”的本义是“久远”，而用来表示县官，如县令、县长，则是假借。又如“来”的本义是一种麦子，假借为来往之来；“乌”的本义是一种鸟，假借为乌呼之乌；“能”是一种熊属的动物，假借为能力之能。这些字中间，有许多自假借义通行，本义就渐渐不用。此外还有一种“通假”，就是“本有其字，仓促记不起来，乃借用音同或形似的字来代替”，例如“氣”字本义是“馈客刍米”，即廪饩之饩本字，后世假借“氣”来表示气体，其实表示气体本有一个“气”字。又如前后之“前”本字是“歬”，剪刀的“剪”本字是“前”，现在假借表示剪刀的“前”字来表示前后，而另造一“剪”字表示剪刀。这种假借就是现在所谓写别字。

字形的演变

中国古代的文字，现已确实知道的以甲骨文为最古，系一八九九年在河南安阳县境殷墟旧址发现的，刻在龟甲兽骨上面，字形极不确定，一个字可以写成很多样子，象形字占绝大多数。

其次是钟鼎文，就是殷周铜器上面所刻的铭文。还有石鼓文，是唐朝初年在陕西掘获石鼓时发现的，那字体是籀文，大约是秦朝初年的石刻。

在籀文以前的文字，如甲骨文、钟鼎文通称为古文（但近来甲骨学者证明籀文即古文）。籀文则一般称为大篆，据古人传说，是周宣王时太史籀就当时文字整理出来的。

秦始皇二十六年（公元前221年），李斯首倡规定秦文为标准文字，禁止使用其他字体，于是参照大篆字体，再加以简单化，而作小篆。

同时又根据当时流行的俗体文字，创造一种更简单的隶书，供徒隶之用。篆书系当时正式文字，保存古文原意的地方较多，隶书系俗写体，只求简便，对六书本义多不顾及。但因其便于使用，以后便流行而取得正式文字的地位。

隶书以后，还有八分书、楷书，字体变更之处很微小。隶书在秦时很简单，但汉代因须使用于隆重的文书，要写得美观些，又把它变得难写一些了。八分书就是因救济汉隶的繁难而产生的，它就是隶书的别体。楷书产生于汉魏之间，是从隶书稍加变化而来的，钟繇、王羲之是书写楷书的名家。

与楷书并行的还有“行”“草”二体，都产生于汉代，因其笔画草率，只用在随意的书写上，没有取得正式文字的地位。正式文字的地位，自后汉至今一千六百余年，始终被楷书所占有。

关于字形演变的趋势，大致是由象形而象声（甲骨文象形字占最大多数，《说文》中象形字占十分之二，现在四五万字中，象形字不过百分之四左右，其余形声、假借，都是象声的字），由繁而简，这本是文字进化的一般规律。但是守旧的文字学家对于隶书的破坏象形遗制，很不赞成，因为从隶书通行以后，古代小学生所能认识的篆书或古文，到现在虽专家都不能完全认识了。

字义的演变

六书中的转注、假借就是说明字义演变的。因为假借字的发展，许多字的本义逐渐被人们忘记，而后人对于古义就不明白了。因为方言的分歧，同一意义而产生不同的字，若是没有人搜集起来，互相注释，人们也会不能了解。

例如“后”的古义是君主，现在却是指君主的妻；“止”的古义是“足趾”，后来引申为“地址”义，再后来又引申为现今通用的“静止”“终止”“阻止”“禁止”“举止”等等的意义；“易”原是动物名，就是蜥蜴，现在通用的意义“容易”是假借义；“豫”也是动物，是一种巨大的象，后来借作“宽豫”“豫备”“豫乐”等义。

这些字义是因时代而变迁的。还有因地方而变迁的，古时候有雅言、方言的分别，雅言就是标准语（官话），方言的语汇须用雅言解释，如《尔雅·释言》篇说“斯、侈，离也”，“斯、侈”是齐陈等地的方言，“离”是雅言；扬雄《方言》说：“党、晓、哲，知也，楚谓之党，或曰晓，齐宋之间谓之哲。”方言是一义数字的重要成因。

古书字义最难了解的是虚字，虚字就是连词、介词、助词、叹词以及代名词等，这些字多系假借字，而古人又常常广泛地使用同音通假，写法不很固定，所以很难辨识。

例如“由”“犹”“攸”三字作“用”字解；“繇”“由”“猷”都作“于”字解；“粤”“越”也同作“于是”字解。（《书经·禹贡》：“九州攸同”，就是“九州用同”或“九州因而统一”的意思。《大诰》：“猷大诰尔多邦”，就是“大诰于尔多邦”或“正式向你们各邦宣言”的意思。）

清王引之《经传释词》一书，专为解释古代同音通假的虚字而作，举例很详，解释很合理，过去有许多不可解的文句，意义都因此而明显。

训诂学

训诂原属于小学，即文字学中专讲字义的一部分，后来因为有人专门研究训诂，分途发展，于是独立成一部门。

诂从古言，是以今语解释古语；训与顺同音，是顺着语义去解释，这好像是下定义，立界说一样。

训诂的工作可分三方面，即（一）以今语解释古语，（二）以雅言解释方言，（三）以俗语解释文言。

《尔雅》是周代的字书，为古代训诂学的权威著作。其中《释诂》一篇，是以今语解释古语；《释言》一篇，是以雅言解释方言；《释训》一篇，是以通用语解释文言。后世仿照《尔雅》的著作有《小尔雅》《广雅》（两书多谈同声之字的互训）、《骈雅》（搜罗复音语汇颇多）等。

汉儒训诂工作，表现于群经诸子的注解。训诂专书则有《方言》（扬雄撰）、《白虎通义》（班固等作）、《释名》（刘熙作）以及许慎的《说文解字》。

《说文解字》一书，兼论字形、字义、字音三项，而能够沟通三方面的关系，是文字学者珍视的第一部古典名著。有段玉裁、桂馥、朱骏声、王筠等注解本，近人丁福保辑诸家注解而成《说文解字诂林》六十八册，颇完备。

刘熙《释名》，以字音解释字义，有清代江声及毕沅的疏证。

《白虎通义》本是解释典礼的书，但也注重字义的解释，有近人陈立的疏证。

唐人训诂之学表现于义疏，义疏是对于汉人的经注再作解释，后人所谓《十三经注疏》，是合汉人的注与唐人的疏而说的。注疏的规律是注服从经，疏服从注。

宋代训诂，不大根据古说，如朱子说“中心为忠，如心为恕”，是望文生义；又常引佛书的话，如“虚灵不昧”“明性复初”“常惺惺”等来解释经典文字；又有引用俗语，如“工夫”“东西”等来解释的。

训诂学以清代为最精，最重要的著作是王引之的《经传释词》及俞樾的《古书疑义举例》。阮元的《经籍纂诂》，搜集材料很多，可说是集大成的训诂学书。王引之的父亲王念孙也精于训诂，著《广雅疏证》，引之所著《经义述闻》也和训诂有关。

近人刘师培著有《古书疑义举例补》，今人杨树达著《古书疑义举例续补》，又根据王引之的《经传释词》而作《词诠》，对训诂学颇有新的贡献。

文法学的先驱及其发展

王引之《经传释词》，意在发现古代语文中语词（虚字）的用例及古人说话的词气。词气表现的方式就是语法或文法，所以王氏的著作可说是中国文法学的萌芽。

除王氏外，刘淇也是文法的先驱，刘氏著有《助字辨略》，所谓助字即全部虚字的总称，刘氏将它分成三十类，比之王氏更有系统。

到清末马建忠仿西文葛郎玛著《马氏文通》，文法学便成立了。马著用西文义例解释我国古书的文法，虽然有些牵强的毛病，且全引古人文章而不说及今日通用语言，无益于言文一致运动，如孙中山先生在《孙文学说》中所指出者，但从此使过去所谓只可意会不可言传的古文奥妙变得比较平常易懂了。

文法现象与语言同时产生，但文法的研究则在文字发生了好久以后。从学术的传统看，文法学是训诂学的一个分支，但马建忠以后的文法学却是受西文的影响较多。

过去训诂家对于文字已有虚实的分别（起于宋代），宋以前则以“名”与“词”相对举，刘熙《释名》不涉及虚字，许慎《说文》解释虚字，都称为词，可以为证。《尔雅》除解释各类名物以外，还有《释诂》《释言》

《释训》等篇，所包括的字也有不同的文法性质。这可见古代训诂学中早已包含了文法研究，但不如今日的精密罢了。

文法学也是读古书所必需的工具。马氏以后，研究古文法的有章士钊、陈承泽、杨树达、王力等。章氏著《中等国文典》，陈氏著《国文法草创》，杨氏著有《马氏文通刊误》《高等国文法》《词诠》等书，王氏著有《中国文法学初探》，陈、王两书较佳。

方言学

方言研究也属于训诂学。如《尔雅·释言》就是将方言解释作为训诂的一部分。

到扬雄作《方言》，然后有研究方言的专著。扬雄的书是搜集当时各地方言，互相比较，互相贯通，以便利了解当时人们的著作和谈论，不是为读古书而作。不过我们现在可利用它做读那时候古书的参考。

清杭世骏作《续方言》，章太炎作《新方言》，则与扬雄的著作不同，并不为现代中国人互相了解其方言而作，而是为读古书作的，它们乃是从古文字中寻求现代俗语的语源，从现代俗语中寻求古代文字的读音，这样地沟通今古，一方面要使人们从现代俗语而了解古文字的意义，另一方面要使人们用适当的古字来书写现今的俗语。

而章氏太炎还提出一点意见，说北方各省经过五胡之乱及金元入寇，语言大受外族影响，声韵变动更大，为了振起大汉的民族精神，非“革夷言而从夏声”不可，因此，凡合乎古文字的现代口语才是值得提倡的正统语音。

章氏想凭主观的幻想去改变数千年已成的局面，自是书生之见，但其保卫民族语文的原则，殊可宝贵。

字音的变迁

汉字不是拼音的，形声字的声符不够精密，字音的改变不容易看出，但从有韵的文字可以略加推测。

例如《诗经·邶风·击鼓》篇拿“于林之下”和“爰居爰处”押韵；《凯风》篇拿“在浚之下”和“母氏劳苦”押韵；《大雅·绵》篇拿“至于岐下”和“率西水浒”押韵。这可以证明“下”字在周代是和“处”“苦”“浒”同韵的。

但唐宋时代的《广韵》，则将“下”字编入马韵，胡雅切，可见它的音已读变了。

又如《诗经·关雎》篇“寤寐思服”和“求之不得”及“辗转反侧”押韵；《楚辞·离骚》拿“非时俗之所服”与“依彭咸之遗则”押韵；但《广韵》“服”字在屋韵，房六切。这又是字音的转变了。

字音大致是随着语言变迁，既变之后，不可能回复古音，这是自然的趋势。文字学家有时不明白这一点，竟主张大家改读古音，如章太炎反对白话文，说现在一般人不通小学，本来“之”字古音近于“的”，“夫”字古音近于“吧”，“矣”字古音近于“哩”，但一般人有现成的“之”“夫”“矣”不用，而另造一套“的”“吧”“哩”，未免太不合理。

他这种批评其实是不顾事实。试问将“之”“夫”“矣”等字改读古音有没有实行的可能？另用“的”“吧”“哩”又有什么不好？不过章氏这样指出，虽然对于现代读音没有裨益，但对于古书的了解就增加了很多便利，因为这样一来，对于古人的语气更觉得活灵活现，容易了解而有趣味。

懂得古代的字音，又可以明白古字的同音通假，这可说是有助于训诂。懂得古字的读音，读古代诗歌韵文也较为音调谐和。所以字音变迁有知道一点的必要。

语言和文字的分离

汉字读音，固然跟着语言变迁，但有些字音，语言里面并没有变，而文字变了，即如上文所说“之”字、“夫”字，其古音和“的”字、“吧”字相近，可见口语中的“的”“吧”原是“之”“夫”古音的遗留，只因为文字上把“之”“夫”读变了音，所以另用“的”“吧”两字来代替。

我们为什么知道古音“之”“夫”和今音“的”“吧”相近呢？因为据专门研究古音的钱大昕推定，古时候没有“知彻澄非敷奉微等纽”[即ㄓㄔㄕㄈ万（zh ch sh f v）等声母]，凡轻唇音读如重唇音（文读如门，望读如茫，封读如邦，冯读如凭，拂读如弼，无读如模，扶服读如匍匐），舌叶音读如舌尖音（直读如特，沈读如潭，陈读如田）。

大约到中古时期，轻唇音与舌叶音产生，有一部分重唇音与舌尖音的字在口语上变了轻唇音与舌叶音，另有一部分还没有变，如“之”“夫”之类。但在古音没有大变的时候有人创造反切的法子，拿两个字拼合来注第三字的音。反切的上一字代表声母，假如后来反切第一字的语音变了，所注的字音即使在口语上没有变，在文字上也会跟着变，因为士大夫对于书本上的注音是非常尊重的，这样就造成了语音和字音的歧异。

久而久之，文字的读音和语音隔离，人们便不知道口语中的“的”

“吧”等音就是“之”“夫”等字的口头读法了。

现在我们读“鸟”字，口语音是ㄉㄧㄠ（diao），文字音是ㄋㄧㄠ（niao），也是字音变了，语音没有变，亏了有实物作证，人们还能知道它们的联系。至于虚字，在语文分离以后，便不容易找到联系了。

语言和文字分家，是我国古书不易读的最大原因，不但因此古书难读，便是现代文言文也不是一般民众在短时期内所能学习的。

双声叠韵

声母相同，叫作双声，例如“参差”是双声字，因为声母都是ㄘ（c）；“高冈”是双声字，因为声母都是ㄍ（g）。

韵母相同，叫作叠韵，例如“缭绕”同属ㄠ（ao）韵，“螳螂”同属ㄤ（ang）韵，都是叠韵字。

双声字，音韵学家称为同母之字，训诂学家称为一声之转。叠韵字，音韵学家称为同韵之字，训诂学家称为音近之字。

读古书应注意双声叠韵的现象，因为：

（一）古书上的人名、物名以及复音的形容词、动词等，多系双声字或叠韵字，例如“澹台”“灭明”“蒹葭”“唐棣”“蜘蛛”“蝃蝀”“忸怩”“踟蹰”都是双声字；“皋陶”“芙蕖”“昆仑”“窈窕”“辗转”“崔嵬”“优游”“逍遥”都是叠韵字。

（二）双声叠韵的字，意义相同或相近的很多，所谓转注或假借字，常常可以从双声叠韵的关系上去观察。例如“粤”与“于”，“卬”与“我”，“复”与“返”都是可以互训的双声同义字；“乾”与“健”，“坤”与“顺”，“坎”与“陷”，“离”与“丽”，“考”与“老”，都是叠韵同义字，以上都是转注。

还有双声假借字，如借“乃”为“仍”（“仍”的本义是“因”，“乃”的本义是“曳辞之难”，就是转折连词，“仍”从“乃”得声，可知古时“乃”“仍”双声，故借“乃”表“因”义），借“利”为“赖”（“赖”从“贝”字得形，从“剌”字得声，本义是“赢利”；“利”字从“刀”，是铁器，现在拿它代替“赖”）。有叠韵假借字，如《易经》借“羊”为“祥”，《书经》借“麓”为“录”。

明白双声叠韵和字义相通的关系对于古书的了解大有帮助。

反 切

反切是汉字的注音方法，发明的年代大约是汉代，正式应用是从东汉孙叔然的《尔雅音义》开始。

在反切未发明以前，注音是用“直音法”，如《说文》中间的某字读“如某”。这种方法，遇到没有同音字的场合就不能注，所以就有人发明反切的法子，合两个字来拼成一个字的音。这个法子当初叫作“反”，后来叫作“切”，再后来合起来叫，便是反切。

反切的规律，是上一字与所注的字为双声，下一字则为叠韵，例如“都，东姑反”，都东双声，都姑叠韵。“公，姑翁切”，公姑双声，公翁叠韵。

但反切所用的字，与拼音所用的字母不同，不是代表音素的，是代表音节的，因此大半不能连读二字而成一音。清陈澧《切韵考》说：“连续二字成一音，诚为直捷，然上字必用支鱼歌麻诸韵字，下字必用喉音字，支鱼歌麻韵无收音（有韵母即有收音，陈说似非是，不过这些不是复韵母，也不带鼻音，与后面的韵母拼切，尚不困难），而喉音直出（单用韵母的字，音在口腔不受阻碍，故云直出），其上不收，其下直接，故可相连而成一音，否则中有窒碍，不能相连矣，然必拘此法，或所当用者有音无字，或虽有字而隐僻难识，此亦必穷之术也。”

反切的这一缺点，直到国语注音符号产生，方才获得彻底的挽救。例如“东”的注音是ㄉㄨㄥ（dong），“姑”是ㄍㄨ（gu），以“东”“姑”切“都”，则“都”的音成了ㄉㄨㄥㄍㄨ（dong gu），中有韵母ㄨㄥ（ong）及声母ㄍ（g）的窒碍，现在取“东”的声母ㄉ（d）和“姑”的韵母ㄨ（u）相切，得了ㄉㄨ（du），便毫无窒碍了。而且注音符号的数目很少，不像双声叠韵字的漫无限制（如“都”字又可以用多姑切、大孤切等）。

四　声

单音字太多的语文，常常要靠声调的抑扬高低来分别同音字。

我国自汉以前，字的声调就有长短的分别，例如《春秋公羊传》庄公二十八年的何休注，解释“伐”字，说“伐人者为客，读伐长言之，见伐者为主，读伐短言之”，即用长短音分别主动被动的意义。

到南北朝齐梁之间，周颙著《四声切韵》，沈约撰《四声韵谱》，于是字的声调又有平上去入的四种分别了。除四声说外，又有五声说（将平声分阴阳二类）、七声说（平去入都分阴阳）、八声说（四声都分阴阳），现在粤语且有九声的分别（入声有三种）。

但就读书的应用说，读六朝以后的诗文词曲，以及翻检韵书，都只需懂得四声。平上去入的分别是：（一）平声长，上去较短，入声最促；故上去入又统称仄声。（二）平声始终如一，没有升降；上声由低升高，去声由高降低；入声短，无所谓升降。因此唐《元和韵谱》说：平声哀而安，上声厉而举，去声清而远，入声直而促。至于阴阳或清浊的分别，是阴清较低，阳浊较高（粤语入声分高中低三种）。

音韵学

声韵学或称音韵学，本是小学的一部分，后来独立而成专门之学。因为汉字不是拼音的，而研究汉字读音的音韵学仍用汉字作为表音的工具，所以非常模糊不清，令人有奥妙神奇之感。

过去《康熙字典》上所附的等韵表，多数知识分子都是不懂的。少数国学专家如章太炎者，懂得了音韵学的诀窍，便夸张地说："穷言音理，大地将无解音之人。"（《国故论衡》音理篇）

其实过去这门学问所以神妙的原因，是因为我国没有适当的表音符号（拿汉字当作表音符号，极不精密，前在反切一节已经说过）。现在除注音符号外，可资补助的有西文字母，并有万国音标，工具比较汉字精密便利得多。对发音部位的分析，现代语音学也更加精确而明白易晓。

我们如果要研究中国音韵学，首先必须把握这些现代知识，有了新的工具和新的观点便会知道我国音韵学并不奥妙，而且有许多不精密不正确的地方。

每个字的音，可以分为发声、收声两部分，发声为"声"，可以用声母代表，收声为"韵"，可以用韵母代表。

声母的音，在通过声门（喉咙）后，被阻于口腔内，因其被阻的部分而形成种种不同的音，如双唇阻形成ㄅㄆㄇ（b p m），唇齿阻形成ㄪㄈ（v f），齿龈舌尖阻形成ㄉㄊㄋㄌ（d t n l），舌根软腭阻形成ㄍㄎㄫㄏ（g k ng h），舌面硬腭阻形成ㄐㄑㄬㄒ（j q gn x），舌头硬腭阻形成ㄓㄔㄕㄖ（zh ch sh r），舌齿阻形成ㄗㄘㄙ（z c s），另有接近硬腭的卷舌音ㄦ（er），列入韵母。

韵母的音，在口腔内是不受阻碍的，但由口的开合、舌的升降而形成种种不同的音，如ㄧㄨㄩㄚㄛㄜㄝ（i u ü a o e ê）等，是单韵母，合ㄚㄧ（a i）为ㄞ（ai），合ㄜㄧ（e i）为ㄟ（ei），合ㄚㄛ（a o）为ㄠ（ao），合ㄛㄨ（o u）为ㄡ（ou），这都是复合韵母，还有带声韵母，如ㄢㄣㄤㄥ（an en ang eng），都是带了鼻声ㄋ（n）收声的。

以上是现代的国音。古音及现代闽粤方言的音比较复杂，如带声韵母还有带ㄇ（m），ㄆ（p），ㄊ（t）或ㄎ（k）的。这些复杂内容都是音韵学的研究对象。

我国古今音韵的变迁，大概可分三个时代，而研究音韵的学问也可分为三支。

第一个时代是古音时代，就是周秦汉数朝，这时代的音韵，近三百年来，方才有些学者加以研究，称为古韵之学。

第二个时代是所谓今音时代，其实应当改叫中古音韵的时代，就是魏晋以至唐宋诸朝，这时代的音韵的研究，即所谓《广韵》之学，一般人都认为是隋代陆法言开创的，而完成于宋代。元明清诗文所用的平水韵，也是抄袭《广韵》的。

第三个时代是元明以来，这时期口语的通行音韵以北方为标准，比较中古音韵简单些，当时通俗文学“北曲”用韵采取口头的标准，而不用与口语分离的广韵，于是有代表北方音的《中原音韵》一书产生，到清代又有《五方元音》，所分韵目渐渐和国语注音符号相接近。

但第三期的音韵是当代的，不必考古，这时期一般学者注意研究的是怎样用声母和韵母来拼切字音，使反切更精密而有规律，这就是等韵之学。

等韵学是研究反切及字母（这字母就是声母）的运用的。反切之学发生最早，前已说过。等韵的名称系元代刘鉴所创，他根据宋人著作著《切韵指南》，将每一声母所切之字，按照其与韵母拼切时声音的洪细，分成四等排列，即分为开口呼、齐齿呼、合口呼、撮口呼四等呼，以便切音，这就叫等韵。

字　母

字母是唐末守温和尚仿照梵文创造的，共三十六个。这一套声母所代表的音比现在国音复杂些，但比魏晋到隋唐之间的音简单些。六朝时期反切中所包含的声母有四十一个。现在国音声母二十四个[①]，其中ㄐㄑㄬㄒ（j q gn x）还可以合并于ㄍㄎㄫㄏ（g k ng h）。守温声母是：

见（ㄍ[g]或ㄐ[j]）溪（ㄎ[k]或ㄑ[q]）群、疑（ㄫ[ng]或ㄬ[gn]）——牙　音

端（ㄉ[d]）透（ㄊ[t]）定、泥（ㄋ[n]）——舌头音

知、澈、澄、娘——舌上音

帮（ㄅ[b]）滂（ㄆ[p]）并、明（ㄇ[m]）——重唇音

非、敷（ㄈ[f]）奉、微（ㄪ[v]）——轻唇音

精（ㄗ[z]）清（ㄘ[c]）从、心（ㄙ[s]）邪——齿头音

照（ㄓ[zh]）穿（ㄔ[ch]）床、审（ㄕ[sh]）禅——正齿音

影、晓（ㄏ[h]或ㄒ[x]）喻、匣——喉　音

来（ㄌ[l]）——半舌音

---

① 指民国初推行的“老国音”。现行声母二十三个。

日（日[r]）　　　　　　　　　　　　　　　　　——半齿音

据清代陈澧考订，六朝隋唐间的声母，应于上列三十六母外，再加“于”“神”“庄”“初”“山”五母，是为《广韵》四十一声母，排列如下：

深喉音：影 喻 于

浅喉音：见 溪 群 晓 匣 疑

舌　音：端 透 定 来 泥

知 澈 澄 娘

照 穿 神 审 禅 日

齿　音：精 清 从 心 邪

庄 初 床 山

唇　音：帮 滂 并 明

非 敷 奉 微

在四十一母中，影于知澈澄庄初床山敷十母，今人都不能读出，其余今音都能分别，因有些音还存在于方言中，例如群定等浊母，现江南话里面还有（群定即英语中的GD）。

韵 部

韵母的产生在声母以前，也是受了印度的影响。隋代陆法言所作《切韵》是第一部有价值的书，后来《唐韵》及宋代的《广韵》都根据它作的。

《广韵》列举韵母二百零六个，一则因为过去语音本来复杂一些，二则因为那部书对于每个复合韵母带声韵母，平上去入的每个声调都给予一个特殊的名称，所以数目有那样多。

到南宋时平水韵，就将韵部合并为一〇七，明《洪武正韵》，又合并为七六。等韵学家又将它们归纳于十五韵摄，每一韵摄分开、齐、合、撮四呼，拿国音符号打比方，凡ㄚㄜ（a e）等单韵母以及ㄢㄣㄤㄥ（an en ang eng）等带声韵母，上面不加丨ㄨㄩ（i u ü）三母的，都是开口呼，加丨（i）母的叫齐齿呼，加ㄨ（u）母的叫合口呼，加ㄩ（ü）母的叫撮口呼。

现在以国音符号代替韵摄，将《广韵》韵目（以平声的为代表）列在下面，以表示中古音韵向近代的简单化：

丨（i）　脂 支 微 之 齐 祭 废

ㄨ（u）　模

ㄩ（ü）　鱼 虞

ㄚ（a）　麻

ㄜ（e） 歌 戈

ㄝ（ê） 麻（该韵中车遮者蛇等字）

ㄟ（ei） 灰

ㄞ（ai） 佳 皆 咍 泰 夬

ㄠ（ao） 萧 宵 肴 豪

ㄡ（ou） 尤 侯 幽

ㄢ（an） 元 寒 桓 删 山 先 仙 覃 谈 盐 添 咸 衔 严 凡

ㄤ（ang） 江 阳 唐

ㄣ（en） 真 谆 臻 文 殷 魂 痕 侵

ㄥ（eng） 东 冬 钟 庚 耕 青 清 蒸 登

ㄦ（er） 支 脂 之（诸韵中儿耳二诸字）

古音之推定

古音之学，萌芽于宋，而发展于清。

清初顾亭林作《音论》《诗本音》《易音》《唐韵正》《古音表》，称为“音学五书”。他根据古代韵文推定古字的本音，对于从前叶韵改读的讲法认为不对。

其后江慎修作《古韵标准》，段玉裁作《六书音均表》（均即韵字），戴东原作《声类表》，孔广森作《诗声类》，王念孙也有古韵分部的研究。

近人章太炎作《成均图》，其门人黄季刚（侃）继起，分古韵为二十八部，这是古韵的最后结论。

关于古韵的学说，最重要的有近人汪荣宝的歌戈鱼虞模古韵归麻说（汪氏是就外国古来传述的中国语及中国古时音译的外国语——主要的是梵语——而研究它们的发音，得到的结论是凡属ㄜ[e]韵或ㄩ[ü]韵或ㄨ[u]韵的字，古时都属ㄚ[ɑ]韵）。

至于古代声母，清代钱大昕提出“舌音类隔之说不可信”及“古无轻唇音”两大主张，以证明古时缺知彻澄非敷奉微等纽（纽就是声母，类隔是指古音反切，可用声音相似而不同类的字为纽，例如“方”应为府良切，也可作溥良切。所谓类隔之说，就是认为古人读音不大精密正确，把不同音的字当作同音。其实当时某些音根本没有，并无所谓类隔，即如“方”字本读如“旁”，“府”字本读如“溥”，并不是随便乱读）。

章太炎又作《古音娘日二纽归泥说》，黄季刚再由《广韵》的三十二古本韵考订，所得的最后结论是古纽十九个。

古纽即影（喻于）、见、溪、晓、匣、疑、端（知照）、透（彻穿审）、定（澄神禅）、来、泥（娘日）、精（庄）、清（初）、从（床）、心（山斜）、帮（非）、滂（敷）、并（奉）、明（微）——括弧内声母是应合并的。

古韵是歌戈、灰、齐、模、侯、豪、萧、咍（以上阴声）、寒桓、先、痕魂、青、唐、东、冬、登、覃、添（以上阳声，即在阴声后面加n，ng，m收音的）、曷末、屑、没、锡、铎、屋、沃、德、合、帖（以上入声，即在阴声后面加t，k，p收音的），其中歌戈、曷末、寒桓、痕魂四部，兼有开口呼、合口呼，《广韵》分成八部。

又，古音没有四声的分别。

第三章 古物

金石之学

探讨古代文化，不仅须读古书，而且须研究古物，因为先民的器物是古代社会生活的指标，而绘画、雕刻文字的断片尤其是古人思想的记录。

我国人对于古物的研究早加注意，远在西洋考古学产生以前，即有所谓“金石之学”产生。金者指商周青铜器，石者指秦汉以来的纪功碑、墓志、佛教的摩崖石刻等。

金石文字，可以拿来参证历代史实，补正正史的缺失，尤其是周鼎商彝，所刻文字是古文字学及古史学的重要研究材料，即其器物本身的质料花纹和式样都有一定的时代性，因而也具有历史的意义。

宋代以后，我国铜器出土渐多，拓印金石文字也成为风尚，所以金石之学即产生于这个时期，如欧阳修编的《集古录》、吕大临编的《考古图录》、赵明诚编的《金石录》，即初期研究报告。

由宋至清，虽然搜集与研究金石的人还不少，如黄伯思、董逌、王俅、王厚之、张抡、钱坫、曹奎、吴荣光、刘喜海、吴式芬、阮元、吴大澂、刘心源、端方等，但大部分古物是在富贵人家或古董商人手里，摩挲抚玩，未必作为学术研究之用。而文人学士，也大都不过赏鉴金石文字的美术，临池篆刻，使金石成为书画的附属品而已。

直到清代乾嘉两朝，考证学者辈出，方才大大发展了金石文字的研究。

近来孙诒让、容庚、邹安、陈宝琛、王国维、罗振玉等又各有新的考证。

关于金石的著作，除前述数种外，如黄伯思的《东观余论》，董逌的《广川书跋》，王俅的《啸堂集古录》，王厚之的《复斋钟鼎款识》，张抡的《绍兴内府古器评》，钱坫的《十六长乐堂吉金图》，曹奎的《怀米山房吉金图》，吴荣光的《筠清馆金石录》及《昭陵复古录》，刘喜海的《长安获古篇》及《洛阳存古录》，吴式芬的《攈古录金文》，阮元的《积古斋钟鼎彝器款识》，吴大澂的《恒轩所见所藏吉金录》及《窸斋集古录》，刘心源的《奇觚室吉金文述》，端方的《匋斋吉金录》，容庚的《宝蕴楼彝器图录》，陈宝琛的《澄秋馆吉金图》，罗振玉的《殷文存》，邹安的《周金文存》，王国维的《金文著录表》等都颇著名。

考证之作，如王国维的《观堂集林》《说文谐声谱》，孙诒让的《古籀余论》，吴大澂的《说文古籀补》以及郭沫若的《殷周青铜器铭文研究》等都颇精彩。

王国维根据金文而作的《鬼方昆夷玁狁考》及《古诸侯称王说》等文都是史学上的重要著作。王氏的《金文著录表》将过去各金石学家的收获，做了详备的记载，又郭沫若有《两周金文辞大系图录》，都便检阅（清代有官修的《西清古鉴》，亦金文书）。

近年来，金石研究更扩大到辽、金、蒙古碑文的考释了。

殷墟发掘

清光绪二十四五年间（一八九八—一八九九），河南安阳县西北小屯村，掘出无数龟甲兽骨的破片，上面刻着古文字，内容都是殷代王室占卜的记录，因安阳是殷都，此项甲骨文字被称为殷墟文字。

此项发现完全出于偶然，在以前，或已被当地农民发现而不为人们所注意，但到十九世纪末，有潍县古董商人范某将甲骨运到北平，辗转而入《老残游记》作者刘铁云（鹗）之手，刘氏继续搜集达三四千片以上，拓印《铁云藏龟》一书问世，才引起世人的注意。

一九〇二年，罗振玉在刘氏处得见龟骨，也继续搜集，并探知甲骨出自安阳小屯，派人直接采取，达两三万片之多。罗氏于是拓印《殷虚书契前编》《殷虚书契菁华》《铁云藏龟之余》《殷虚书契后编》等书，都很精美。

罗氏于一九一六年又亲访小屯，并于甲骨文字之外，兼注意器物的搜求，虽一破烂的石刀石斧，也很重视。他这种见解超越了过去的古物研究者，可说是近代考古学的先驱，因之罗氏编印的《殷虚古器物图录》一卷附说一卷，殊可珍视。

至一九二八年十月及次年四月，董作宾、李济等教授又在安阳作有计划之发掘，新获卜辞三百余片及玉器、石器、陶器、铜器等，出版了《安阳发掘报告》，并将所得材料由历史语言研究所精密研究之。

从这次起，殷墟是用现代考古学的眼光来发掘了。

甲骨之学

自殷墟古物出土而甲骨之学随之产生。甲骨之学的第一步就是殷代文字的研究，它使得过去纯粹凭借《说文》的文字学不得不有所修正。

我国文字学向来仅以《说文》为准则，等到金石之学发生，学者就已有些引用金文来订正许书得失的。到甲骨文出世，人们又将它和金文比较研究，不但可以纠正许书的错误，还可以证明字源。这可分几点说：

（一）考知原始文字的形体和文法。研究甲骨，方知原始文字，凹而下陷，模仿鸟兽足迹。其行款读法，或左，或右，或下，或上，并没有一定的规则。

（二）证明所谓籀文即古文。许书所谓籀文与古文不同，是错误的，例如许书“四”字古文作𠃢，籀文作亖，今卜辞中四字正是作亖。

（三）得知古象形字，一字有多种写法，笔画原来没有一定。

（四）与金文互相印证。有些甲骨文与金文完全相同，如“甲、乙、丙、丁、戊、己、庚、辛、壬、癸、一、元、天、方、且、王、中、平”等字。有些金文不能认识，得甲骨文而后认识。如甲文“子”字作兇，而“巳”字作[illegible]或作[illegible]。因之金文中过去所不能解释的“乙子”“丁子”“癸子”，现在都能释为“乙巳”“丁巳”“癸巳”。

（五）纠正许书的错误。《说文》中的古文，如“一”下出“弌”，“二”下出“弍”，“三”下出“弎”，“中”下出“𠁧”，“册”下出“笧”，都是甲文与金文所没有的。又籀文如“马”下出“影”，“车”下出“𨏥”，也是甲文金文的笔误。篆文也有弄错的。如“鬭”字，篆文[illegible]，许注“两士相对，兵杖在后，象鬭之形”，但卜文仅像两手对打的形状，不见兵杖之形，许说错了。又如“福”字，许注“备也，从示畐声”，但卜辞中作[illegible]，从[illegible]，乃“尊”也，会意，非形声字，许说有误。又如“邑”字，许注“国也，从口从卪”，今卜辞作[illegible]，[illegible]即象人席地之形，非从卪，许说亦误。

（六）说明文字的变迁。如将甲文、金文、篆文、隶书排列来观察，可看出逐步演变的痕迹。研究甲骨文从清代孙诒让开始，而以罗振玉、王国维为最著。其次则郭沫若、商承祚、徐中舒、罗福成、唐兰、徐永梁、吴其昌等。他们的研究，渐由文字学而走向史学方面，如王国维有《殷卜辞中所见先公先王考》及《续考》《殷周制度论》等。这门学术的著作，如王国维之《海宁王忠悫公遗书全集》，罗振玉之《殷虚书契考释》，郭沫若之《甲骨文释》，均甚重要。初步研究则以检阅商承祚《殷虚文字类编》为宜。

古物与社会学

近代考古学，是以社会学的眼光研究无文字的史料，以资推测远古的社会状况之用。

史前时期的历史既不曾用文字记载，便只有靠传说以及遗骸遗物保存下来，但传说因被人们夸张或修改使之神秘化，不容易了解，非得古物参证不可，古物是真凭实据，所以更加重要。

社会史家对于史前时期的阶段区分，完全以器物为标准，即由石器时代进到青铜器时代，再进到铁器时代，石器时代又分为旧石器时代与新石器时代。

石器时代最长，以数十万年计，是人类野蛮蒙昧的阶段；到青铜器时代，文明渐启，可说是半开化阶段；铁器时代，方才正式踏入文明的阶段。

我国有文字记载的历史，从春秋战国开始。

春秋战国以前，所谓三皇五帝、尧舜禹汤的历史，完全是后人追记的传说，其真相不易明了。但自从甲骨文出土，殷商史的传说又得了一部分文字记载的证明。

而殷周青铜器如钟鼎盘盂之类以及铜制的兵器如戈戟之类，又足以证明当时是青铜器时代。

近年我国史家渐渐公认传说中的尧舜禹时代还是野蛮蒙昧阶段，当时还没有国家，只有氏族社会的部落，这都是参考古物与传说的材料而用社会学的理论来解释的。

无文字的古物

有文字的古物，即刻有铭文的铜器、石碑，以及刻有卜辞的龟甲、兽骨等物，我们在上面几节中已经说过，此外还有西域考古的种种发现，其中有汉魏至唐的简牍书册以及各少数民族已死的文字，我们将于后面再说。

无文字的古物，在殷墟发掘中已经发现过一些，同时在周口店及河套等地发现了旧石器时代的文化，在仰韶、辛店等地又发现了新石器时代的文化。

周口店离北平（今北京市）五十公里，一九二一年，瑞典人安特生充当北京政府农商部地质调查所顾问，在该地一石灰洞里偶然发现了一片石英，但该地是不产石英的，这片石英必从别处带来的，因而引起多人的研究兴趣。

后来有一些中外学者继续探察发掘，经十数年，竟发现了大批化石，其中有二十五种是一种猿人的骨骼，因定名为“北京人”。同时又在北京人骨骼之旁发现两千多种工具。又发现了堆积很厚的灰层，因而知道北京人已知晓了用火，而且在该地居住过几千年的时光。

从北京人能制造工具及运用火两点看，虽说他们的骨骼仍带有许多猿猴的特征，我们也不能不承认他们是真正人类的最初形态。

北京人的存在时期，大约在四十万年以前。在中国考古学的分期，以北京人时期为最早，属于前旧石器时代，又称前周口店时期。

后旧石器时代，就有河套文化（由河套掘出古物所代表的文化）、后期周口店文化。还有尾旧石器时代，由达赉湖文化代表。

新石器时代则可分为六期，每期约三百年。

第一为齐家期，系以在甘肃临洮县齐家坪掘出的石刀、石斧、尖骨和单色纹形的陶器代表之，大约为公元前三五〇〇年至前三二〇〇年间的文化。

第二为仰韶期，系以河南渑池县仰韶村所发现的石刀、石斧、石耨、石杵、石镞、石戈、石环、石纺车、骨镞、贝镞和角针，以及有色陶器等为代表，大约是公元前三二〇〇年至前二九〇〇年间的文化。

第三为马厂期，大约是公元前二九〇〇年至前二六〇〇年间的文化。

第四为辛店期，此期除石器、骨器、陶器外，还发现有铜器，大约是公元前二六〇〇年至前二三〇〇年间的文化。

第五为寺洼期，以甘肃狄道县寺洼山为代表，约当公元前二三〇〇年至前二〇〇〇年间。

第六为沙井期，代表地址在甘肃镇番县附近，约当公元前二〇〇〇年至前一七〇〇年间，发现有翼的铜簇。

殷墟古物也代表着公元前一七〇〇年之文化，在殷墟文化以前，还有所谓龙山（山东地名）文化及仰韶文化。

关于这些考古工作的记载，有安特生的《甘肃考古记》《西阴村史前遗存》，历史语言研究所的各种考古调查报告及发掘报告等。此外曾松友著《中国原始社会之探究》、日人桥本增吉的《东洋古代社会史》、森谷克己的《中国社会经济史》也说及了。

“北京人”和中华民族的血统有没有关系，还没有经过证明。但是热、察、甘、新、青、晋、绥、豫、陕等省所发现的新石器时代人骨，确已证明与现今的华北人同型。

古物与考证学

考证学的工作是对历史材料的整理和检讨，它可以算作历史研究的一部分。过去我国学术以儒家为中心，因此考证学的对象就只是儒家经典上的礼制名物，而考证学的观点也受了经典记载的限制。

例如罗振玉在安阳小屯村获得一种形状颇似犁的石器，他就以为是经书上所说的石磬，但这种东西和《周礼·考工记》所说的形状又不相同，于是他就推论到殷周磬制的不同（见罗氏《雪堂丛刻·五十日梦痕录》）。但郭沫若则以为罗氏所云当即石犁，未必是古磬。这就表示他们两人学术范围有广狭之别。罗氏始终拘守儒家的传统，所以思想不超越儒经的记载，郭氏贯通中西学术，故能从社会史的观点去推论。

又如王国维，在他的《殷周制度论》里面，对殷周之际政治文化的剧急变革颇多发现，然而他不知道怎样解释，只是赞美“周公之圣与周之所以王”，这也可见王氏思想之为儒家所限制。

考证学如果不超越儒家的传统，如果对于古书上给予远古传说的涂饰与改造不知道分析，那么对于古物的研究就不能有很好的收获。

古物与古书

自从考古学逐渐发展以来，善于读书的人对古书就发生了怀疑，觉得其中所说多半不可信，不但《山海经》《淮南子》上面的那些神话，什么十日并出呀，女娲补天呀，盘古开天辟地呀，天皇地皇人皇之类荒诞无稽，就是丝毫没有神话意味的记载，如夏禹治水一类传说，其真实性也大成问题。

因为从殷墟卜辞看，殷代还那么幼稚，夏禹又怎能有那样大的力量？某日人估计禹的治水工程，就是近代人都非几十年不能成功，而禹在八年内完成，当然不合理。但章太炎解释说，禹当时的治水，不过总其成，各地当然分区办理，各区也各有负专责的人。

章氏尊重古书，认为不可任意怀疑，故做这种辩护，其实当时我国尚在部落时代，像《禹贡》上九州那样大的地盘，由一个政府统治是绝对做不到的。而且铁的发现在春秋战国之间，《禹贡》上居然讲到梁州贡铁，可见这书是战国时人凭想象写成的。

虽然初期疑古诸家有些离奇的臆说，如以禹为爬虫，以墨子为印度人之类，不能有确切的证明，但大胆的假设也是科学所需要的。

到了后来，一般史家对于古书上的记载，无论是否神话，都认为有历史的意义，而根据社会学的观点给予合理的解释。而这种解释，又常常可以用古物研究来作证明。例如姜嫄履大人足迹而生后稷，及天命玄鸟，降而生商（简狄吞燕卵而生契）的故事，以社会学眼光看来，在氏族社会群婚时代，民知其母，不知其父，实在不是奇怪的事，后世父权时代，因为找不出父系祖先来，所以假托神话来掩饰。

这种对于古书的新解释，不但有充足的理论根据，而且有确切的事实佐证。因为《山海经》上的帝俊及其妻娥皇、常羲，在殷墟卜辞中就有高祖夋及娥与义京和他们相当，经专家考证而知帝俊、高祖夋、帝喾、帝舜，都是指同一祖先或同一最高神——上帝，而娥与义京两女子，或作羲和与常羲，或作娥皇与女英，或作姜嫄与简狄，在诸子群经中表现为种种不同之传说，如吞卵或履大人迹而生儿子呀，姐妹共夫，兄弟（舜与象）并淫呀，暗示着初民的血族群婚及稍进一步的亚血族群婚之存在。

儒家按后世伦常加以粉饰改造的古史，经这一研究而揭露了真相，这可说是历史科学在中国的初步胜利。

章氏太炎在《国故论衡》理惑篇表示其对于卜辞之怀疑，认为是古董商的伪造，而坚信经典的内容及许氏《说文》的训诂，大概章氏还不知道殷墟发掘已经经过专家的亲自努力，更不知道近代研究古史有参考今日野蛮民族生活的方法，这是时代所限，我们不必认为是章氏的固执不通，但我们决不可跟着他去犯错误。

殷墟发掘还不过是锄头考古学的初步，后来还不知道有多少宝贵史料已从或将要从地底下发掘出来。

除古物外，各边疆民族的生活也非常值得研究，尤其是西南深山中的土著，如果我们能仔细考察，其给予我们读古书的帮助一定很多。试举一个小小的例子，如广西瑶民中有一种，其语言叫“虹”为“ㄉㄧㄉㄥ（dideng）”，音与《诗经》上的“蝃蝀”完全相同；又疑问助词有一个读

“ㄗㄧ（zi）”，和“哉”字相当，如果依“ㄗㄧ”音去读“日出而作，日入而息，凿井而饮，耕田而食，帝力何有于我哉”那首古歌，韵脚就完全谐和。这不很明显地是古代语言的实证吗？

第四章 书籍

传写本与刻本

版刻印刷之术，萌芽于隋唐，宋时才有大发展，自唐以前，书籍的流传全靠抄写。

写本的书籍又分两个时代，周秦汉为简册时代，隋唐为卷轴时代。

简册时代的书，是在竹片（简）或木片（牍）上用竹笔蘸漆书写，或用刀子刻的（《史记》称萧何做刀笔吏）。多简相连，则用绳子或皮革的带子连系起来，成为册子。

秦汉间的漆书也写在缣帛上，大约因当时蒙恬已发明兔毛笔的缘故（所以《说文》序有“著于竹帛”的话）。但直到西汉末年，竹书依然很多。古人所谓“汗简”，就是去掉竹汁，“杀青”就是去竹上青皮，这都是预备竹简为写字之用的手续。

《汉书·艺文志》上的书，有分篇的，有分卷的。分篇的即竹书，分卷的即帛书，因为缣帛是可以卷藏的。

东汉时蔡伦因缣贵简重，不便于人，乃发明用树皮麻头破布造纸，书籍于是比从前轻便而价廉。但直到东汉末年，纸还没有普遍流行。

魏晋时，松烟墨及凹心砚也发明了，文房四宝完成。

于是到隋唐时，藏书机关完全没有竹木的简册，而图书尽是卷轴了。卷轴就是将书页卷在木轴上，如现今卷对联的样子。

汉武帝时，鲁恭王拆孔子宅，于墙壁中得《礼经》《尚书》《春秋》《论语》《孝经》，都是竹简书。晋太康元年，汲郡民盗发魏安釐王墓，得竹书漆字科斗之文，如《竹书纪年》《穆天子传》等，共十六种。那些原物早已不存。

近时甘肃敦煌千佛洞发现古时书籍多种，包括汉武帝时木简漆书，唐懿宗时版刻印本，五代刻印本及其他写本，是现在仅存的古书原物之重要部分。

敦煌县（今敦煌市）南有鸣沙山，其山麓三界寺之旁即莫高窟，有石室千余，四壁都是佛像，世称千佛洞。一九〇〇年，寺中道士于扫除之时，偶然弄破了墙壁，发现壁内有一藏书室，自汉至五代之书籍碑版，及手抄之书，贮藏极多。

一九〇七年，匈牙利人斯坦因听说，前往收买，运回欧洲，现藏于伦敦博物馆。法国人伯希和又来搜寻一批，运回巴黎博物馆。后经我国政府取缔，并收集其残余者保存之，方才没有全落外人之手。还有人从巴黎、伦敦抄回来一些通俗文学，印行《敦煌零拾》及《考古学零简》等书。

又，敦煌附近沙漠地带亦发现汉简。王国维曾根据它著了《流沙坠简》等书。此外西北各地发现竹木简书，还有多起。

自印刷发明后，手抄本之古书，常常可以校正印本的错误，所以非常宝贵。清乾隆修《四库全书》，因卷帙浩繁，亦未曾付印，仅抄写七份，分存七处藏书楼。

刻本以宋版书为最珍贵，但宋版不止一种，其中也有错漏较多的。其次元刻的书也比较被人重视，清代殿版及私人刻本，有名的也不少。过去有些藏书家，专门搜集善本书，因而出现版本之学。

其实版本的正确性是相对的，无论什么版本，经过数千年的传写与翻印，错误总是难免的，不过有多少不同或此正彼误的分别而已。

现在印刷术进步，许多善本书，都经书商影印行世，我们如果不是古董收藏家，专为读书起见，那么有善本的影印书就很可以满足了。

版本之学

版本学本是校雠学的一部分，每一书搜集众本，比较其好歹，分别评判而介绍之，就是它的任务。

这门学问萌芽于西汉，刘向父子校书，广集众本，想必他们对于版本的辨别，一定很精密。

宋代岳珂刊九经三传，所根据版本二十三种，由专家反复参订，这也是为校雠而研究版本。至无锡尤袤氏《遂初堂书目》创一书兼载数本之例，凡讲目录学的也得研究版本了。

清代版本之学发展而成专科，名家不少，如黄丕烈、顾广圻、丁丙、陆心源、莫友芝、叶昌炽、缪荃孙、叶德辉等。重要书籍有叶昌炽的《藏书纪事诗》，叙述藏书的掌故；江标所辑的《宋元本行格表》，讲版式；钱泰吉《曝书杂记》，莫友芝《宋元旧本书经眼录》，黄丕烈《士礼居藏书题跋记》，丁丙《善本书室藏书志》，陆心源《皕宋楼藏书志》，叶德辉《书林清话》等，讲各种书的版本。罗振玉《鸣沙石室秘录》，则系讲敦煌石室古书版本的。

校雠之学

校雠之学有广狭两义。广义的校雠学，包括校勘学、版本学及目录学三部分的内容，其任务是：搜集图书，辨别真伪，考订误谬，厘定部次，装潢保存，即整个整理书籍的专门事业，有一部分和现代图书馆学极相类似。狭义的校雠学就是校勘学，只是比勘篇籍文字而求其正确，而改正古书因传写日久而产生的错误，尽可能地恢复其本来面目。

校雠两字的意义，就是刘向《别录》所谓“一人读书，校其上下，得谬误，为校；一人持本，一人读书，若怨家相对，为雠”。校勘的法子以后者为好，因为单用一种本子，校其上下，所得的谬误是有限的，必须用不同的本子对勘，“若怨家相对”，方才可以发现较多的错误。

公认为校雠学的先驱者是刘向、刘歆两父子。汉成帝时，使谒者陈农求遗书于天下，诏光禄大夫刘向校经、传、诸子、诗赋，步兵校尉任宏校兵书，太史令尹咸校术数，侍医李柱国校方技。向死，他的儿子歆继其业，总群书而为《七略》。

刘氏校书的方法是相当精密的，大约可分几点：（一）根据许多版本，互相对勘，错误则改正，遗漏则补充，重复则删除；（二）古书多没有载篇名书名的，他们按照内容替它分篇，加篇名书名；（三）写内容提要及介绍批评的文字，并叙述学术源流派别等。

后来唐代陆德明，宋代岳珂、周必大、彭叔夏，对校雠学都有成绩表现，周、彭校刻《文苑英华》一千卷，方法尤其切实。

清代朴学盛时，校雠学成了一个重要部门，包含考订文字及事实，辑补逸文等工作在内，重要的成绩表现有顾炎武的《九经误字》，齐召南的《注疏考证》，阮元的《十三经注疏校勘记》，王引之的《经义述闻》，俞樾的《群经平议》《诸子平议》等，这些书都是由校书所得的材料编成的。

此外，以校雠著名的还有戴震、卢文弨、丁杰、顾千里（广圻）等，连上面那些人共计有三十一人之多。

章句之学

“章”的本义就是乐曲的末段，引申之，则凡文字意义已经完足的，也可叫作章。“句”的原义就是在文字可停顿处，用钩状记号以作识别的意思。《说文》上有“V”“、”两记号，都是古人点句的符号。

所谓章句之学，最初当系指分段落、加标点的两件事说的。但因古书相传久了，不是单用符号所能指明，甚或在传写时把符号省掉了，应分行的，也因省地方而不分，就更弄不清楚了，于是又不得不附加说明，因此章句之学的内容，又类似传注了。

西汉时不独经书有某家某家的章句，就是法律也有某家某家的章句。但当时章句之学流于烦琐附会，说五字之文，至于二三万言，故有章句鄙儒的称号。因而章句与训诂有分别，训诂乃解古今语以通大义，不贵烦琐。

古书因传写将章句弄错的很多，如将前后间颠倒，遗漏，注释混入正文等。作注解的也常常将章句弄错，或将应属下文的连在上文，或将应当读断的地方连读下去。

例如《论语》：“未之思也夫，何远之有？”夫字应属上。《孟子》：“圣人既竭目力，焉继之以规矩准绳，以为方圆平直，不可胜用也。”焉字作“于是”解，应属下。朱子注《大学》《中庸》，称“朱熹章句”，即因为他曾依自己的主张把段落句读重新分过，没有依汉儒的原本。

标点符号失传以后的古书，行文上多能注意用文字代符号，如用“曰”字、“所谓”字代引号（两人对话则省“曰”字），用“云云”代删节号等。后世公文为求更加精密起见，用“令开”“等因”当引号。但用文字总不如用标点来得明显精密，今后整理古书的章句之学必采用标点符号。

目录之学

目录学原本是校雠学的一部分，以后才独立起来。章实斋《校雠通义》认为目录不过是校雠的结果，没有独立成为一科的价值，但图书编目，包含书籍分类标准问题，次序排列问题，不是深通学术源流及修学程序的，便不能适当地解决以便利学者的参考，这类具有指导意义的目录编制，自应成为一种专科。

我国目录学的创始者是刘歆。刘歆将群书分成六类，每类作一说明，然后将书目排列，称为一略，并于六略之外，另编提要一种，名叫《辑略》，总起来称为《七略》。班固的《汉书·艺文志》，以刘氏《七略》为蓝本，也分成六类，每类作了一个说明，无异于一篇学术源流考。

这种于书名、卷数、著者的记载之外另加图书内容说明或提要的体例，成了后来历代编书目的模范。清代编纂《四库全书》，即有书目提要二百卷，每部及每类有总说明，每书有提要。

《汉书·艺文志》对古籍作了系统的介绍，为研究国学者必须参考的书（因为国学精华全在周秦古籍里面，后世陈陈相因，很少新的创作）。现有顾实讲疏的单行本可读。如果要略略知道汉以后的书，可翻阅《四库全书总目提要》各类的说明文字（另有《四库简明目录》，册数较少）。国学书太多，精彩的很少，我们没有博览群书的可能和必要，所以读目录提要是最好的办法。

清末张之洞著《书目答问》，就他所认为较重要的国学典籍介绍了两千余种。胡适之、梁任公也曾各开一个最低限度的国学书目。这都是给初学者用的。张氏所开的书太多，胡、梁两氏所开的书虽不多，但胡氏偏于文学，梁氏偏于史书，亦不甚合适。近年来编这种书目的还有李笠、钱基博、丁福保诸氏以及浙江省立图书馆等。

图书分类法

我国图书的主要类别，在刘歆、班固时代，是六分法；自隋唐以至清，大致可说都是四分法。刘、班二氏分群书为六艺、诸子、兵家、诗赋、术数、方技六大类。荀勖改分为甲乙丙丁四部，《隋书·经籍志》也分四部，并确定经、史、子、集的名称。清修《四库全书》就是分群书为经史子集四部，四部之下再分四十三类。

我国目录学家认为图书分类可以表示学术源流，我们试就六大类变为四大类的这一点来看一看学术变迁大势吧。

刘、班六大类的子目：（一）六艺，分《易》《书》《诗》《礼》《乐》《春秋》《论语》《孝经》《小学》等目；（二）诸子，分儒家、道家、阴阳家、法家、名家、墨家、纵横家、杂家、农家（以上九家称为九流）、小说家等目；（三）诗赋；（四）兵家，分权谋、形势、阴阳、技巧等目；（五）术数，分天文、历谱、五行、蓍龟、杂占、形法等目；（六）方技，分医经、经方、房中、神仙等目。

刘、班这个分类有些不合理的地方。比方六艺，本来以古代官书为限，不应将《论语》《孝经》（这应入子部儒家）列入，《小学》也应列为诸子的一家。诸子中的杂家不能算家，小说和近代文学的小说不同，大约只是一些没有形成系统的笔记之类，也没有成家。兵家应该列为诸子的一家。阴阳家包含科学与宗教迷信，应该和术数、方技合为一大类，而分天文、方技（方技一类全属医学）、卜筮及其他子目。

但从刘氏当时与其同事分工校书的情形看来，他那种分类不过是为了分工的方便，较少学术的意义。如果照我们修正的办法，就应分成六艺（历史）、诸子（哲学社会科学）、诗赋（文学）、阴阳或五行（科学）四大类。

但后来事实上的四大类，却又不是这样分的。原来的“六艺”分成了“经”“史”两大类。

过程大概是这样的：因为尊重六艺为经，又有许多经师作注疏，六艺就改称为经部，且仍居第一位；又因为史书逐渐增加，不能再附在春秋家后面了，于是就另辟了史部。原来的“兵家”“术数”“方技”都并入了子部。原来的“诗赋”改称集部，内容扩大了很多，包括古文、骈文、词曲之类。

四部之中，只有子部包含有价值的内容，如哲学、社会科学、自然科学、艺术、应用技术等科完全属于子部，但子部的书反而不及其他三部的多，这实在表现了中国学术的退步。

同时编目人主观上也怀抱着士大夫轻视儒家以外各家学术的心理，如《四库全书》凡例就说：“以阐圣学明王道为主，不以百氏杂学为重”，所以科学、艺术都没有独立作为一部，甚至把墨家、名家等类名取消，一律归入杂家。

现代图书编目，因为要用号码，所以用十分法，主要类名及号码如下：

0——总类　　1——哲学　　2——宗教

3——社会科学　　4——语文　　5——自然科学

6——应用技术　　7——艺术　　8——文学

9——史地

如各大类之下再分小类，小类之下再分子目，则将号码增加位数，通常为三位，除类码外，还有著者号码附在下面。插架时按号码排列，寻找起来就不困难。同时现在图书分类也符合学术上的类别。

从前各图书馆，新书及外国书都用新分类法，编号码，旧书则沿用《四库全书》的分类法，并不编号码，自从王云五发起中外图书统一编目以来，过去经、史、子、集的分类已经打破，各种旧书都按照性质归入新的类属了。

例如经部的《易经》、“四书”归入哲学；《诗经》归入文学；“三礼”、《尚书》《春秋》都归入史地；《小学》归入语文。子部中的艺术，归入艺术类；术数、释家归入宗教类；道家一部分入哲学，一部分入宗教；杂家按其性质分别归入哲学等类；天文、算法归入自然科学；法家、兵家归入社会科学；医家、农家，归入应用技术。至于子部中的类书及史部中的目录，则归入总类。子部中的小说及集部诸书归入文学。

这个目录编制法，有一个很大的意义，就是纠正了把国学与现代学术对立的观念，使大家知道中外学术是可以沟通的。

辑佚及辨伪

辑佚及辨伪是校雠学里面两个重要贡献。

所谓辑佚就是将已经失传的古书恢复起来的工作，所用方法是从许多别的书里面将引用的文字一点一滴地摘抄出来，再加以整理编辑。这样辑成的本子虽然不能和原书切合，但至少可恢复原书的一部分。

从事辑佚工作著名者如宋明时期的王应麟、陶宗仪、祁承㸁，清代的马国翰、黄奭、洪颐煊等。马国翰的《玉函山房辑佚书》，经部四百五十三种，史部八种，子部一百七十三种。黄奭的《逸书考》（一称《汉学堂丛书》），经解一百一十二种，纬书七十二种，子史八十四种，又《通德堂经解》十七种。洪颐煊的《经典集林》，内佚书三十六种。严可均辑刻《全上古三代秦汉三国六朝文》七百四十六卷。清代辑佚书对于清末今文学派的兴起大有帮助，因为久已失传的"三家诗"等今文家著作已有了辑佚本。

辨伪是辨别古书中伪托的作品。有些古书全部系后人伪托的，例如《伪古文尚书》；有些古书是经后人掺了一部分文字进去或修改过的，例如"四书"、《史记》（司马迁在扬雄以前，竟说及扬雄）。经部伪书还有孔安国《尚书传》，郑玄《孝经注》，孙奭《孟子疏》（晋人作）以及《汉魏丛书》中的《子贡诗传》等。史部有《越绝书》（汉人托名子贡作）、《飞燕外传》《汉武内传》（宋人作，列入《汉魏丛书》）、通行本《竹书纪年》（明人作，王国维另有古本《竹书纪年》辑佚本）等。子部有《吴子》《文子》《列子》（均两晋六朝人作）等。

辨伪的方法是多方面的，最重要的是思想、事实、文字时代性的辨别，其次是别的典籍的旁证，篇章语句的分析等。

关于辨伪书的名著，首推清阎若璩的《古文尚书疏证》，所提证据达一百二十八条之多。清姚际恒《古今伪书考》则罗列各种伪书，可资学者参考。

近人康有为《新学伪经考》主要论点是，秦焚书没有烧六经，西汉经书都是足本；孔子时所用的篆字，秦汉时也用，当时字体没有今古文的分别；所有古文经传，全系刘歆一手伪造。

近今一般学者多认为康氏的考据含有成见，全凭主观，不大可靠。最近学者又主张辨秦前之伪，如战国时人托名虞夏时人而作《帝典》《禹贡》等，也当辨明。

类书及丛书

类书是和辞典相类似的工具书，编制方法是把各种学术的材料荟萃在一书之内，按性质分门别类，或按照标题文字的笔画或声韵，依次排列，以便检查。过去有若干失传的书，幸赖某些类书的引用而保存了零散的内容，因此有一些类书更增加了它们的重要性。

宋以前类书流传后世而可考见古籍逸文者有三种：（一）《艺文类聚》一百卷，唐欧阳询等撰；（二）《初学记》三十卷，唐徐坚等奉敕撰；（三）《太平御览》一千卷，分五十五门，宋李昉等奉敕撰，成于太宗太平兴国八年，引秦汉以来书，多至一千六百九十余种，这些书到清朝存不了十分之一二了。

明成祖时敕修的《永乐大典》系清《四库全书》的蓝本（《四库全书》另一部分的来源是抄录或购买民间的藏书），从其体例看，也是类书，它将每种书全文割裂，分韵排列，例如《易经》先列“蒙”卦，《诗经》先列《大东》篇，《周礼》先列《冬官》之头，其中所采古书善本，也有后世不复流传的。

清康熙时所编《古今图书集成》也是类书体裁，其引用古书，多不能尽载全文，因受类目的限制。又康熙敕撰之《佩文韵府》，是分韵排列的类书之一。

丛书是将多种书集合在一起刻印的，原书全文贯串，不加割裂、颠倒及删削，便于阅读。这与给人检查的类书不同。

丛书也有保存古书的作用，因为有些书卷帙很小，单行本不容易保存，只有编入丛书才能够流传久远。

唐宋人所谓丛书，实际上多是文集或笔记，只有宋代左圭所辑《百川学海》是有名的一部丛书。

一般的丛书都是古今人著述合刻，也有少数丛书是一人著作合刻的。前一种丛书，张之洞《书目答问》中举出五十七部，是他认为保存了古书，有关经史实学，且校勘精当的，例如《汉魏丛书》（明人刻，收汉魏间著作七十六种，清人重刻，增至九十六种）、《清武英殿聚珍版丛书》（收书百十八种以上）、《玉函山房辑佚书》（见前，辑佚书约六百种）、《津逮秘书》（明毛晋刻）、《学海堂经解》（即《皇清经解》，阮元编刊）、《粤雅堂丛书》（伍崇曜刻）、《平津馆丛书》（孙星衍刻）等。

第二种丛书，张氏也举出五十部与考订经史有关的，如《亭林遗书》、《船山遗书》、《东壁遗书》（崔述作）之类。中国古籍过去流传日本而本国反失传的也不少，清末黎庶昌、杨守敬从日本收回一部分，影印为《古逸丛书》。又日本人天瀑山人刊《逸存丛书》，其中都是中国久已失传的书。

就《四库全书》的体例看，也是一部丛书，不过特别庞大而已（这部书也没有包括当时全国一切的书，如佛经及《道藏》即大部没有收入，其他有触忌讳或认为无用处的亦不收或仅存目录。阮元编有《四库未收书目》）。这部书总编纂人是纪昀（晓岚），分编纂戴震、邵晋涵等三百六十人。共三万六千册。抄写员一千五百人，经九年后抄成七部。分存北京（两部）、奉天、热河、扬州、镇江、杭州等处。民国九年（1920年）赠与法国一部，太平军战争时毁去两部，英法联军之战毁去一部。

《道藏》也是一部丛书，乃道家诸书的总刻，其中所收除儒家书《易经》等外，其他周秦诸子也多收入，且多系古本，清代学者多根据《道藏》本以校正通行的子书。

考证学与读书法

考证学的产生，原来是为了解释古书，包括文字的训诂、错误的更正及古代史实的寻绎等。

在古书中，尤以经书为主，所以解经的方法很多，如（一）以经证经；（二）以史证经；（三）以子证经；（四）以汉人文赋证经；（五）以《说文解字》证经；（六）以汉碑证经等。

因证经而引起子、史群书的研究，考证的范围就日益扩大。考证学对于书籍本身的贡献，就是校雠、辨伪、辑佚等事。考证学范围虽大，简单说来，就是把一大堆断烂材料，一点一滴地从多方面下整理功夫。

考证学者的读书方法，总是把许多书互相比较对勘，可以说他们读书的同时就是校书，他们的著作就是校书的报告，正如王鸣盛《十七史商榷》序所说，“独处一室，覃思史事，既校始读，亦随读随校，购借善本，再三雠勘，又搜罗偏霸杂史，稗官野乘，山经地志，谱牒簿录，以及诸子百家，小说笔记，诗文别集，释老异教，旁及于钟鼎尊彝之款识；山林冢墓，祠庙伽蓝，碑碣断阙之文，尽取以供佐证；参伍错综，比物连类，以互相检照，所谓考其典制事迹之实也”。

专门考证的事业，不是一般读者所能做，但对于专门家考证的成果，却应当知道去利用；同时在一定的范围之内，也可以采用他们的比较读法。

第五章 经学

五经、十三经、四书

汉朝人尊重儒家古典著作，称之为经书，解“经”字意义为常道，相沿到现在。其实“经”的原意就是线，所谓经书就是线装书，古代记事书于竹简，事多一简不能尽，便连续记在数简上，其连系各简的线，就称为“经”，可见经不过是当时记载页数较多而又常须翻阅的书罢了，并没有其他的深意。

六经的名称，首先曾在《庄子》中发现。《庄子》及《礼记·经解篇》都以《诗》《书》《礼》《乐》《春秋》《易》为六经。班固《汉书·艺文志》称为六艺。但因《乐经》散失，只存《乐记》一篇，并入《礼经》中，于是有“五经”的名目。

到唐朝时候，《春秋》按照《左传》《公羊传》《穀梁传》分成三种，《礼经》也分为《周礼》《仪礼》《戴礼》（《礼记》）三种，立“三传”“三礼”的称号，配合《易》《书》《诗》，称为“九经”。

再到宋代，把《尔雅》《孝经》《论语》《孟子》四种加上去，便叫作“十三经”。

宋儒朱熹把《礼记》中的《大学》《中庸》两篇拿出来印单行本，和《论语》《孟子》合称“四书”，并给它们作详细注释，奉为儒家古典的精华，于是科举考试必根据“四书”出题，而《论语》《孟子》《大学》《中庸》便成为小学生必读书了。

班固《艺文志》将儒家列入诸子，而把六经作为六艺，列在诸子之前，其用意是认为六经是古代官书，非儒家所能私有，而且六经是诸子百家的学术渊源，班志说得很明白。不过班氏将《论语》《孝经》列在六艺的末尾，即有特别尊重孔门本身著作的表示。

总之，《易》《诗》《书》《春秋》《礼记》，如果依古文派经学家说，就并不是孔氏的私家著作，这个观点是一般有识见的学者应该承认的。

清章学诚（实斋）在《文史通义》上明白指出“六经皆史也”。古人已经说过《尚书》为记言之史，《春秋》为纪事之史，至于“三礼”，记载古时礼仪官制，则明明系制度史，《诗经》之《国风》为风俗史，《雅》《颂》则包含社会变革的许多故事传说，《易经》是卜筮之书，可算是宗教史、思想史材料，其中类乎神签的文字也包含了传说故事，所以全都是史料。

现在经书最完备的通行本是清代阮元所刻的《十三经注疏》，卷帙很繁。除去注疏专印正文的有商务馆的《十三经白文》一厚册，颇便翻阅。以下把各种经书内容说说。

《易经》

《易经》是按照六十四卦的次序编排的，从乾卦开始，到未济卦结束。书末附有《系辞》《说卦》《序卦》《杂卦》几种总的说明文字。

每个卦都有符号表示，是用阳爻“ — ”、阴爻“ -- ”做基础来配合的。配合的方法，第一步是三爻相重而成☰、☵、☶、☳、☴、☲、☷、☱，即乾、坎、艮、震、巽、离、坤、兑八卦。第二步再将这八卦，每两卦相重而成䷀（乾）、䷅（讼）等六十四卦。

每卦有一个总的说明，叫“卦辞”，每爻各有一个说明，叫“爻辞”。此外，每卦还附有《彖辞》和《象辞》两种文字，乾坤两卦还附了一种，叫《文言》。

卦辞、爻辞是“经”的部分，其余文字连书末的在内，都属于“传”（“传”的本义是比经短一点的书本，但通行意义是对于经义有所发挥的补充文字，所谓圣经贤传，各有专名——这是今文派经学家的主张）。

《易传》七种，《彖》《象》《系》各分上下篇，与《说卦》《序卦》《杂卦》《文言》合称“十翼”。相传伏羲画八卦，文王重卦，周公作爻辞，孔子作十翼，其他还有种种的说法，也不知究竟是哪些人作的。

《易经》包含哲学的道理，简单地说，即从前人们所谓易有“简易”

“变易”及“不易”的三个意义。因为认定宇宙间万事万物都有个规律，不外始、中、终三相之转移，所以能以简驭繁，这就是“简易”。

《易经》认为万事万物无时不在变化流转中，如它说“天行健，君子以自强不息”，又说“小往大来，大往小来”，又说“无平不陂，无往不复”，而各种不同的卦、不同的爻，又都是表示各种吉凶消长的复杂情状的，这就是“变易”。

但另一方面，它认为变化只是在一个不变的范围里面之循环往复，如说“天尊地卑，乾坤定矣”，“寒往则暑来，暑往则寒来”，而不曾发现进化的观念，这就是“不易”。

《易经》的文字和思想都相当地结构完整，郭沫若最近怀疑它不是周初的作品而是战国时候的。是否如此，还待考证。

《书经》

《书经》一称《尚书》，“尚者上也”，有人说是“上古的书”的意思，有人说是“上帝的书”的意思。

现通行本包括《虞书》五篇，《夏书》四篇，《商书》十七篇，《周书》三十二篇，共五十八篇。其中有三十三篇，如《尧典》《禹贡》《盘庚》《洪范》等，称《今文尚书》，同时又是《古文尚书》，其余都是“伪古文”。

所谓今古文的分别，是这样的：汉初，伏生传授《尚书》二十九篇，用汉代通行的隶书写出，称为《今文尚书》。后来汉武帝末年在孔子宅墙壁中发现一部用古体字写的《尚书》，相传共十六篇，称《古文尚书》。不过这部《古文尚书》不久又失传了。

到东晋时候，有一个梅赜（或作梅颐）向朝廷呈献《古文尚书》二十五篇，附《尚书传》一篇，说是孔安国作的，于是人们都相信《古文尚书》是失而复得，但清朝阎若璩等人经过考证，断定这部书是晋朝人王肃或皇甫谧或就是梅赜伪造的。

现在通行本是今古文合编，篇数有分有合，和原来的不符。

《尚书》包含的史实，上自尧舜，下至秦穆公，其中年代最早的《尧典》《舜典》《皋陶谟》《禹贡》等篇，过去一般人老是以为是虞夏时代的文章，近代学者已证明这部分真的《尚书》也是儒家的伪托，不过著作年代还在周朝，比东晋人的伪《尚书》更有价值些。因为虽是伪托，也必有所依据，而时代较早的著作，所依据的传说真实性必较多。

《尚书》篇名，多用典、谟、训、诰等字煞尾，正和现在的宣言、布告、会议录、讲演集一类的文章相仿佛，所以被称为记言之史。其中有《洪范》一篇，代表原始的哲学思想，以水火金木土五行为世界万有的基本元素，又提出五事、八政、五纪、皇极、三德、稽疑、庶征、五福、六极等关于政治的原理原则，统名“九畴”，颇为儒家所重视。

《诗经》

《诗经》是一部乐歌，分“风”“雅”“颂”三部分。风大半是民歌，分十五国，共一百六十篇。雅分《大雅》《小雅》，共一百〇五篇，以叙事诗为多。颂分《周颂》《鲁颂》《商颂》，共四十篇，多叙事诗与祀神歌。总计三百〇五篇。

相传诗的原有篇数在三千以上，经孔子删削而存此数，但《论语》即有“诗三百”的话，恐孔子未必删削过。现存的《诗经》为“毛诗”，汉代传授《诗经》的有齐、鲁、韩、毛四家，那三家都失传了，现在“毛诗”是所谓大毛公者传授的。

《诗经》附有《诗序》，分“大序”“小序”，“小序”列在每篇诗的前面，是说明诗中大意的，“大序”是连在首篇《关雎》的小序之后，总论全书的。

诗序的作者问题没有定论。诗的来源据说是定期采集而来的，古时有采诗之官，每年八月乘辎轩，周游国中，采取歌谣，陈于天子；又天子巡狩各国时，命太师陈诗以观民风。当时采集的区域，以黄河为中心，十五国风不过是今河南、陕西、山东、山西几省里面的，所以《诗经》是北方文学。但《周南》《召南》的背景却在江汉一带。诗的修辞方法有所谓赋、比、兴三种：赋是直接叙述，比即完全譬喻，兴是先写背景而后明白叙述。诗有所谓六义，就是风、雅、颂、赋、比、兴。

《诗经》是一部可靠的古书，没有发生真伪问题，但《诗序》就不大可靠，它对于诗的内容每加曲解。

《诗经》不但有文学价值，同时也是史料，例如《商颂·玄鸟》篇，叙述简狄吞鸟卵而生契的传说；《大雅·生民》篇，叙述姜嫄践踏上帝的足迹而生后稷的故事，暗示着远古社会的情形；《豳风·七月》篇以及《小雅》的《楚茨》《南山》《甫田》《大田》诸篇，叙述周民族农业的兴盛；至于平王东迁以后，社会斗争逐渐尖锐，则有所谓"变风""变雅"（这是解诗者给予一部分风、雅诗篇的名称）来抒写抑郁愤慨的感情，如《邶风》的《北门》，《王风》的《黍稷》，《唐风》的《鸨羽》，《秦风》的《黄鸟》，《小雅》的《节南山》《正月》，《大雅》的《板》《荡》《桑柔》《云汉》诸篇，都是怨天恨人之作，而《小雅》的《何草不黄》《北山》《出车》《采薇》《黄鸟》，《魏风》的《葛屦》《伐檀》《硕鼠》诸篇，尤其露骨地表现社会的不安。

三　礼

三礼即《周礼》《仪礼》《礼记》。

现在“五经”中就只有《礼记》。但古时所谓《礼经》十七篇，却是专指《仪礼》，《礼记》不过是孔门弟子附在《礼经》后面的笔记。现在的《礼记》或称《戴记》，或称《小戴礼》，它原是汉初河间献王从民间抄来献给朝廷的，后来刘向校阅政府藏书，又发现几种，合起来共二百十四篇，戴德加以删节，为八十五篇，称《大戴记》（《大戴记》现有残本，不在十三经以内），戴圣再删为四十篇，称《小戴记》，马融又增编几篇进去，合成四十九篇，就是现在的《礼记》。

《周礼》也是河间献王抄来的，其中篇目是按照天、地、春、夏、秋、冬六官分划的，缺《冬官》一篇，有人找一篇《考工记》来补足它，后来刘歆校理群书，才将这部书编入经籍，叫作《周官经》。这部书，早已有人怀疑它不是古本，但刘歆、郑玄相信它确系周公所作。从它的内容看，大约是战国时人根据战国以前的行政制度写成的。

《仪礼》原有两种本子，一种是汉高堂生所传，是今文，一种从孔宅壁中得来，是古文，东汉郑玄合并两种本子，就是现在流传的《仪礼》。《仪礼》据古文派经生说，也是周公所作。

《仪礼》的内容是冠、昏、丧、祭、朝、聘、燕享等典礼的详细仪式，读了可以明白封建贵族的繁文缛节，可以考见古代宫室、舟车、衣服、饮食等日常生活的情形，以及宗教信仰、亲族制度、政治组织、外交方式等。

《周礼》是儒家理想的官制，也包含了古代事实上的制度。所谓六官，是天官冢宰掌邦治，统百官，好像现在行政院长一样。地官司徒掌邦教，布五典，安兆民，好像教育部兼财政部一样。春官宗伯掌邦礼，治神人，和上下，这是一个宗教官。古代行政、祀神要占一大部分，所以特设一个大官来办理。夏官司马掌邦政，统六师，平邦国，这是陆军部。秋官司寇掌邦禁，诘奸慝，刑暴乱，这是司法部。冬官司空掌邦土，居四民，时地利，这是农工部。

《礼记》的《王制》篇，也讲官制，和《周礼》大致差不多。我国历代官制，多半参考这种办法。清代的吏（管民政）、户（管财政）、礼（管祭祀及科举）、兵、刑、工六部，就是六官制度。

《礼记》一书，对于风俗礼制方面说得最多，也有理论文字，要研究封建时代的宗法制度和旧礼教，这是必读的书，如《内则》篇给妇女规定的行为标准，《少仪》篇给青年子弟规定的行为标准，直到近来，还对我国社会发生很大的支配作用。

《礼记》中间有些精彩的文字，如《学记》篇的论教育，《乐记》篇的论音乐，《儒行》篇的论修养，《礼运》篇的论政治，现代人都非常赞美，时常引用。但我们须知这部书是汉朝人整理过或编写成的。

又《礼记》中《大学》《中庸》二篇，现已列入“四书”。《大学》相传为曾子所作，其中所记有所谓三纲领，即明明德、亲民、止于至善。有所谓八条目，即格物、致知、诚意、正心、修身、齐家、治国、平天下。但清人陈乾初怀疑《大学》不是孔门的书，著有专文论证。《中庸》相传是子思所作，其中谈天命、性、道，是宋儒理学重要根据之一。

《春秋》

《春秋》是鲁国史书，孔子加以修改，于记载文字中暗寓褒贬的意思，好像现在编报纸的写新闻标题一样，孟子曾赞美它的宣传力量道：“孔子作《春秋》而乱臣贼子惧。”

《春秋》文体好像现在的大事记，按年月次序作简单的记载，是后世编年史的开端。所叙事实，起于鲁隐公，终于哀公，经过十二君，凡二百四十二年。

为《春秋》作传的有左丘明、公羊高、穀梁赤三人。《左传》记载史事颇详明，《公》《穀》两传是解释经文文字意义，推阐其所暗含的微言大义的。

现在通行“五经”本的《春秋》，就只附有《左传》，没有《公》《穀》。《公羊传》属于今文学，《左传》为古文学，《穀梁传》原属今文，近人崔适指斥它也是刘歆伪造，于是也属于古文学。

左丘明另著《国语》一书，也是叙当时史事，人们叫它作《春秋外传》。

春秋大义，一般人认为最主要的是：（一）尊王；（二）攘夷。表示这些大义的“书法”，以正名定分为原则。

但今文派经学家所谓微言大义还不止这一点，他们以孔子为“素王”，借口诛笔伐代行帝王的权力。

公羊学则注重春秋的三世，即由据乱世进到升平世，再进到太平世，颇有进化的观念，但此三世原系就春秋二百四十二年分成三个阶段而说的。

《论语》《孝经》《尔雅》《孟子》

《论语》是孔子的语录及日常生活的记录，并有当时孔子弟子的谈话掺杂在内。据说当时弟子各有所记，孔子死后，门人互相讨论编辑而成，所以称为《论语》。

《论语》分三种：（一）《古论语》，出孔子壁中，凡二十一篇；（二）《齐论语》，乃齐人所传，凡二十二篇；（三）《鲁论语》，乃鲁人所传，即现行《论语》所根据的本子，凡二十篇。

《论语》所谈，关于道德修养政治学术各方面，言简而旨远，文字多半饶有风趣。

《孝经》内容不大精彩，分《开宗明义》等十八章，古时以为是孔子所作，宋王应麟《困学纪闻》则以为是曾子问孝于仲尼，退而与门弟子说之，门弟子笔记而编成的书。

《孝经》有今古文的分别，秦焚书，《孝经》为河间人颜芝所藏，汉初芝的儿子颜贞献出，凡十八篇，就是《今文孝经》。

《古文孝经》出自孔壁，二十二篇，南朝梁时已失传，后来获得的本子都是伪作。现在《十三经注疏》中的《孝经》，为唐玄宗所注，所采的本子是今文。至于单行本，多是朱子所编定，将玄宗所定的本子颠倒排列而成。

《尔雅》是解释字义的书，前已说过，第一篇《释诂》，据说是周公所作，《释言》以下十八篇，是后人陆续增补的。

《孟子》是战国时邹人孟轲与弟子万章等自记其言行的作品，凡七篇。孟子学说，如性善论、仁义说、养气说、先天良心说等，是宋明理学重要根据之一。但汉唐时代，《孟子》尚列在诸子里面。

经之传授

秦始皇并吞六国以后，设博士官（和今日的参议相似）保存并传习诗书，禁止民间私自讲学，后来因博士淳于越议论不合时宜，丞相李斯主张烧百家书，始皇采用他的提议，次年又坑儒生四百六十余人。因此陈涉起义时，鲁诸儒生带着孔氏的礼器前往参加。

汉高祖初起兵，还看不起儒生，取儒冠以盛便溺，后来天下平定，方才领悟思想问题的重要性，于是以太牢祀孔，用秦博士叔孙通、张苍厘定法制。惠帝继承他，废除民间挟书的禁令。文景二帝，又仿秦制设博士，但人数不多。到武帝罢黜百家，表彰六经，学术乃定于一尊，设置完备的五经博士，以通经为登进人才的标准，于是经之官学，成为富贵荣显的捷径。

汉因秦以纯法治主义而失败，所以一反秦的所为，而崇尚儒家的德治主义来拉拢人心，这就是以利禄提倡经学的由来。

所谓经学，和战国时代的儒学不同，经生不自创学说，而只是从事经书的传习与注解。所以经学的发展，便是学术思想停滞不进的征象。

在西汉官学中取得支配地位的是今文学派，即所谓十四博士（宣帝元帝时）的经学，十四博士是：《易经》有施、孟、梁丘、京；《尚书》有欧阳、大小夏侯；《诗经》有齐、鲁、韩；《礼》有大小戴；《春秋公羊传》

有颜、严。他们的师承，列简表如下，其中不著名的人名略去：

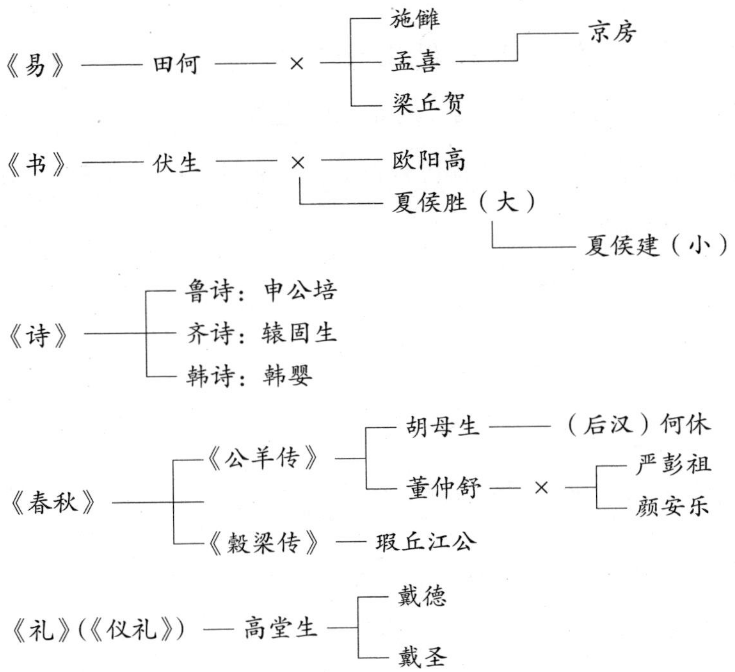

上表中穀梁未立学官，又，何休不属于西汉。但现在流传的今文学派书籍，何休《公羊传注》很重要。此外伏生的《尚书大传》、董仲舒的《春秋繁露》两种书虽还存在，但还是后人辑本。

西汉末年，古文经传陆续出现，古文学派因而产生。刘歆继承父业，校秘府藏书，将费氏（直）《易》，孔氏（安国）《尚书》《毛诗》《春秋左传》《周礼》等古文经传，一一加以研究整理，古文学于是获得发展的基础。

近人康有为指斥刘歆伪造古经，帮助王莽。当时王莽以复古名义行新政，刘歆在学术上赞助他，大概是事实，但他不可能一手伪造那许多古经。不过古文派传授不大可考，我们不得不把刘歆当开派大师看。

古文经学虽未能成为官学，仅流传民间，但因有服虔、马融、许慎、郑玄等大师的努力，势力渐盛。他们与今文经师不同，都能兼通群经，把训诂工作做得切实。郑玄作《毛诗笺》，注《周礼》《仪礼》《礼记》，兼采今古文经说，虽被认为混淆家法，但因此却集了经学的大成，而使今文派消沉下去，并且他注重名物训诂，开了考证学的先路。

古文派现存的书，除上述郑氏数种外，还有许慎的《说文解字》及《五经异义》（后人辑本）。

今文经学与谶纬

今文经学的领袖人物是董仲舒，他研究《公羊春秋》，应用阴阳五行谶纬之说，来解释儒经，使儒学宗教化，成为官僚专制政治的思想基础。

在董仲舒的著作《春秋繁露》中展开一个完整的思想体系，从宇宙谈到社会谈到人生，一切以阴阳五行为基础。

董仲舒认为阴阳变化而成四时，五行则是变化所依的时空间架，此种变化循环运转，所以说“天不变，道亦不变”，同时天象通于人事，灾异系上天警告人君与宰相的表示，人与天地参，人类历史也如天运循环，有所谓黑白赤三统的互相交替，又以为“天道任阳不任阴”，阳尊而阴卑，所以君为臣纲，父为子纲，夫为妻纲。

今文学家所应用的谶纬之说是什么呢？当时有些学者，认为有经必有纬，于是造作纬书，托名是孔子所作，有《易纬》《诗纬》《书纬》《礼纬》《乐纬》《春秋纬》《孝经纬》七种，内容多依托经义，讲符箓瑞应。同时又有谶书，大约即《河图》九篇、《洛书》九篇那一类的东西。

谶者，诡为隐语，预决吉凶；纬者，经之支流，衍及旁义。纬与谶虽有分别，但纬书荒诞部分也和谶书差不多。后经隋炀帝焚禁，现在存留的不是完本。

孔子在春秋战国之时，本是一大学者，在《公羊春秋》中，由学者进而为素王，到谶纬书中，又由王进而为神。由此可见西汉时代的思想反动的一斑。古文学运动是为反对这一形势而起的。

古今文学派的斗争

古文学派与今文学派，从西汉末年一直延到东汉末年，二百余年间，发生了四次大的斗争，表面上或者为了争官学的地位，或者为了争书籍的真伪。清代后半期也发生同样的斗争。如果比较两派的争论问题，则可得以下几个要点。

（一）今文派尊孔子为受天命的素王（素王是未得其位的王），古文派尊孔子为先师；

（二）今文派以孔子为托古改制，古文派以孔子是述而不作的史学家；

（三）今文派以六经为孔子著作，古文派以六经为古代史料；

（四）今文派以《春秋公羊传》为主要凭借，古文派以《周礼》为主；

（五）今文派指斥古文经传是刘歆伪造之作，古文派斥今文经传是秦火残缺之余——今文经传现存《仪礼》《公羊》《穀梁》（？）及《小戴礼记》（？）、《大戴礼记》（？）、《韩诗外传》，古文今存《毛诗》《周礼》《左传》；

（六）今文派相信纬书，以为孔子的微言大义，间有存者，古文派则斥纬书为虚妄。

由以上几点看来，两派不但是所根据的经传版本不同，而且治学态度也相反。

今文派虽斥古文经为伪，而本身所根据的经也未必是真，尤其是经说完全由主观造作，发表种种怪异的议论，倾向于迷信与独断。

古文派态度比较客观，注重历史的根据，不采神秘怪异之说，故其经说比较接近孔学的真相，但未免过于信古。

汉以后的经学

自汉至清，支配我国思想界的主流为魏晋的玄学、隋唐的佛学、宋明的理学，两汉经学在这一期间等于中断，这时期可注意的几点是：（一）今文经学的首先衰落；（二）南北学的分化；（三）隋唐义疏之学的兴起；（四）宋明理学的影响。

自汉魏间郑玄、王肃混淆今古文家法，而实际左袒古文经学，加以晋永嘉之乱，今文经传大部分亡失，今文经学就从此衰落下去，而古文经学则相对地日渐开展。

在魏晋玄学清谈的空气中，王弼注《易经》，何晏注《论语》，虽不免受道家思想的影响，大体仍以汉学为根据。

南北朝时，南北经学的倾向颇有不同。最显著的分歧点，就是南方尊重郑玄的《易》注、杜预的《左传》注，北方尊重王弼的《易》注、服虔的《左传》注。

南北朝至隋唐间，所谓义疏之学产生，义疏者就汉儒经注再加以疏释之谓，就是注解的注解。两者合而言之，叫注疏，分而言之，“注”一类的东西，有传、记、笺、注、诂训、解诂、章句、章指、集解等；“疏”一类的东西，有义疏和正义。它们的体例是：注不破经，经不破注，注或迂曲，疏必繁称博引以说明之，但后来清人有些疏也纠正注的错误。

义疏之学盛于唐，唐初孔颖达、贾公彦作五经注疏，为当时政府规定的经学标准。唐以科举取士，违反孔、贾义疏的就不予取录。孔氏所采经注以南学为主，将北学合并到南学里面，于是王弼、服虔之学散失，而唐之义疏风行于世。

宋儒讲经，不重视古注，各自发明义理，因研究方法的不同，终于形成了三派：一派以程颐、朱熹为代表，采用归纳法；一派以陆九渊、杨简（慈湖）为代表，纯粹用演绎法；一派为批评派，以叶适（水心）、陈傅良（止斋）为代表，号称浙学，此派不空谈性理，而注重事功，再分为金华派（出于吕东莱）、永嘉派（出于陈傅良）、永康派（出于陈同甫）。宋儒理学虽系根据经书立说，实系自有体系，另详理学一章。

元明两朝，因朱熹之学为朝廷提倡，取得正统地位，陆象山之学得王阳明继续阐扬，也为当时学者所信仰，他们两派都是借经学讲理学，本不以经典为主，降至末流，便将经学书搁置不读，专门空谈，所以经学因而衰落。

清代儒生，因矫时弊而反对理学，提倡朴学，学术风气为之大变。

清代的经学

清代思潮的变迁可分三期：

（一）启蒙期。特点是对于明末理学的反动，主张匡救时艰的实学，但仍不完全摆脱理学的窠臼，尤其是都以为必须通经方能救时。开创清学的大师是顾炎武，他研究当时郡国利病，对实际问题有贡献，同时奠立了考证学的基础。其他考证的名家有胡渭、阎若璩。重苦行实践的有颜元、李塨；以史学为根据而注意时事研究的，有黄宗羲、万斯同；专治天文算学，开自然科学之路的有王锡阐、梅文鼎。

（二）全盛期。特点是对理学不再攻击，也不因袭它，又不抱通经致用的观念，完全脱离实际而作书本上的考证，即为考证而考证，为经学而治经学（以上几点不适用于戴震），主要人物是惠栋、戴震、段玉裁、王念孙、王引之等，号称汉学正统派。

（三）没落期。特点是正统派趋于没落，仅俞樾、孙诒让等一二大师守最后壁垒。而今文派康有为等，因晚清时局动荡，乃企图借经学为改良时政的工具，于是著《新学伪经考》，抹杀古文经传，根据《公羊》创“孔子托古改制”说，又著《大同书》以表现自己的理想，虽救时的志愿可嘉，但其治学态度全凭主观，对于经学本身并没有什么成就，所以这一派也不能发展。

在这三期中的主要学派有四个：（一）浙东学派——黄宗羲（梨洲）创立，万斯同、毛奇龄等继之；（二）东吴学派——创自吴江惠氏祖孙三世，即惠周惕、惠士奇、惠栋（定宇），继之者有余萧客、江声（艮廷）、钱大昕、王鸣盛等；（三）皖南学派——创自婺源江永（慎修），其弟子戴震更光大之，继之者有胡培翚、段玉裁、王念孙、王引之等；（四）常州学派——从武进庄存与开始，继之者有刘逢禄、宋翔凤、魏源、龚自珍等。

上述东吴、皖南两派，都属于全盛期的考证学派；但吴派揭汉学旗帜，拘守汉人学说，毫无创造精神；皖派巨子戴震，并不自命为汉学，但使人从汉学以求新发现，其治学方法根本在“实事求是，无征不信”。

所谓朴学，应该以皖派为中坚。因清之朴学，并不是东汉古文学的再现，而是具有进一步的发展的，在其极盛时期，种种专门学术如文字学、音韵学、金石学、史学、地理学、天算学等，都分途进行，而类书的编纂、丛书的校勘、伪书的辨明、逸书的搜辑以及古书的校勘，也是他们的业绩。

常州学派颇注意于今文学的研究，为晚清今文学的先导者，继之者除康有为外，还有王闿运、廖平、皮锡瑞，以及近人夏曾佑、崔适。

朴学正统，到最后还有章炳麟，新派有王国维、罗振玉。继章氏学者有黄侃（季刚）、吴承仕（检斋）等。

总而言之，清代经学凡三次变化，开始为汉宋兼采，乾嘉时期，东汉之古学全盛，晚清则西汉今文学再起。

在此等变化中，有几次理论斗争，即（一）汉学和宋学的斗争，（二）今古文的斗争。江藩著《国朝汉学师承记》，对正统派经学竭力推崇。方东树著《汉学商兑》，则代表宋学施行反攻。至于今古文的斗争，则从康有为与章炳麟两氏的著作中可以看到。

经学的扬弃

冯友兰《中国哲学史》以汉至清为经学时代，并说在此时代中的思想家，都将新酒装入五经的旧瓶中，但到清末今文家把近代思想都装进去时，瓶扩大到破裂的程度，以后不能再装了，所以经学时代便告结束。

这个譬喻相当地适合，但有人说他忽视了质的变化，只看到量的增加。其实所谓新酒是与旧酒有质的差异的，这在向来应用这譬喻者早已不言而喻。

不过冯氏的解释还不够一点，似乎应该加一句：近代思想好像氟素之类，旧瓶是玻璃质的，自然没有装它的可能。

总之，“经学”这个名词，到了现在，只应该是中国学术史上的，而不应该代表眼前学术的一部门了。因为五经或十三经的本身，应当作为古代史的史料处理；西汉今文学、宋学以及晚清的今文学，都只能作为汉、宋及晚清的思想史的内容看；至于东汉经学及清之朴学，则可以认为古文字学、古史学之一部分。

有人说，经书的内容，有关于理、化、博物的，有关于数学的，有关于社会学的……学者应善为研究，其实各种学术都以现代为精，我们决不能舍今从古，经书中的什么什么，那都不过是给学术史的一种资料罢了。

如果不把它当作史料，而闭着眼睛讲通经致用，想引用《春秋》断狱，靠半部《论语》治天下，那就走入了魔道。

如果把现代思想或自己意见假托孔孟之名来说出，以“六经为我注脚”，那更是厚诬古人，欺骗今人。

周予同说经学除今古文派、宋学派以外，还有一个新史学派（见周氏著《群经概论》），这是他的卓见。可是，如果说这些把经书当史料运用的新史学家就是现代的经学家，则过去的所谓经学显然地已经或正在被新史学所扬弃。

同时，因为经书中有一部分是古代的文学作品（《诗经》），有一部分是古代哲学（《易经》、“四书”等），这些史料又当为研究中国文学或哲学者的研究对象，这是不必再加讨论的。

第六章 史地

所谓正史

从前学者对历史研究也颇注重，史的地位仅次于经。史部典籍繁多，最占重要地位的就是所谓的正史。

正史是官修的，每逢朝代更易，新朝政府便简派一批人员（但从前并不一定是这样的），编撰上一代的全史，累积到清朝，这样的史书就有二十四种之多，叫作“二十四史”，兹将“二十四史”的书名作者列下：

1.《史记》	西汉　司马迁撰
2.《汉书》	东汉　班固撰
3.《后汉书》	南朝·宋　范晔撰
4.《三国志》	西晋　陈寿撰
5.《晋书》	唐　房玄龄等撰
6.《宋书》	南朝·梁　沈约撰
7.《南齐书》	南朝·梁　萧子显撰
8.《梁书》	唐　姚思廉撰
9.《陈书》	唐　姚思廉撰
10.《魏书》	北朝·北齐　魏收撰

11.《北齐书》 唐 李百药撰

12.《周书》 唐 令狐德棻等撰

13.《隋书》 唐 魏徵等撰

14.《南史》 唐 李延寿撰

15.《北史》 唐 李延寿撰

16.《旧唐书》 后晋 刘昫等撰

17.《新唐书》 北宋 欧阳修等撰

18.《旧五代史》 北宋 薛居正等撰

19.《新五代史》 北宋 欧阳修撰

20.《宋史》 元 脱脱等撰

21.《辽史》 元 脱脱撰

22.《金史》 元 脱脱撰

23.《元史》 明 宋濂等撰

24.《明史》 清 张廷玉等撰

以上“二十四史”至明代止，共三千二百四十九卷。

清朝虽已过去，但官修的正史还没有完成。民国初年本来设有清史馆，由赵尔巽等主持其事，到一九二八年，编成了一部未定的史稿，共五百三十六卷，目录五卷，命名《清史稿》，曾草草付印，不久即被禁。

开明书店印行“二十五史”，系将柯劭忞所撰《新元史》加入。《新元史》于一九二〇年脱稿，经政府明令列入正史，内容比《元史》正确详备。

又，《史记》《汉书》《后汉书》《三国志》，合称“四史”，为“二十四史”中最被人重视的一部分，过去读史者，“二十四史”不必全读，但这四史则在所必读，尤其是《史记》《汉书》，文章优美，不仅被人当史书读，也当文学作品读。

就正史体例说，司马迁创立之，班固继承之，略加更改，以后作史者完全依样画葫芦，没有新形式，我们只需分析一下《史记》《汉书》，便知道一切正史了。

正史的内容

正史不一定正确，但比较详备，为研究史学者的主要材料。

《史记》是最早的一部完备的史书，在它以前的重要史籍有《春秋》《左传》《国语》《战国策》《世本》《竹书纪年》等。这些书，司马迁大概都参考过，只有《竹书纪年》叙事多与《史记》不合，恐怕司马不曾见过。《世本》内有《帝系》《世家》《传》等，大约就是《史记》体例的蓝本。

首创史例的司马迁编撰《史记》一书，是以人物做历史的中心，作十二"纪"以叙帝王，三十"世家"以叙公侯，七十"列传"以志士庶，共计一百一十二篇传记，形成全书的主要部分，此外有《平准书》《河渠书》《封禅书》等八"书"以纪政事，十个"年表"以贯岁月。

《汉书》体例也差不多，只有"书"改称"志"，如《艺文志》《律历志》《食货志》等。又去"世家"名目，收入"列传"。

《汉书》与《史记》不同的地方就在于《史记》的性质是通史，而《汉书》则为断代史。《史记》包含的年代，上起黄帝尧舜，下至汉武帝；《汉书》则起于高祖，终于王莽之亡。

自《汉书》以后，所有正史都是断代史，只南北朝时的一段，除各代分撰者外，还有通叙各代的《南史》《北史》。又《五代史》因年代短促，也没有再分。各书内容，差不多都仿《汉书》的形式编制。

正史虽是整理史料而编写的史书，但从现代观点看，仍不过一堆史料。

读正史的方法，以分别选读为好。如要看政治上大事，当读“帝纪”，参以有关人物的传记。如要知道一代的典章文物，当读“志”或“书”。例如研究经济史，须读《平准书》《食货志》一类的史篇。研究学术史，当读《艺文志》《经籍志》等，参以《儒林传》《道学传》之类的传记。

编年史

编年史是按照年月次序排列，与纪、传、表、志体不同。最早的编年史本应算《春秋左传》，但因其被称为经，于是第一部编年史便轮到东汉荀悦所作的《汉纪》，这书就是模仿《春秋左传》的体裁的。

编年史最著名的是宋司马光的《资治通鉴》。这部书上起战国，下终五代，包括一千三百六十二年的重要史事。作者选材的主旨，专取“有关国家盛衰，生民休戚，其经验教训可资学习者”，宋神宗因其可作政治的参考资料，赐名《资治通鉴》。

其他属于编年史的史书有《续资治通鉴长编》（李焘）、《九朝编年备要》《西汉年纪》《靖康要录》《两朝纲目备要》《宋季三朝政要》《元史续编》等，而朱熹所编的《通鉴纲目》尤为著名，与《资治通鉴》合称“两通鉴”。

明清时人根据它们而编的简单历代史，名叫“纲鉴”，如袁了凡、王凤洲所编之《纲鉴》及《纲鉴易知录》等。又清乾隆敕撰的《御批历代通鉴辑览》，及清毕沅的《续资治通鉴》也颇重要。

纪事本末

纪事本末体的史书亦称类史，创自宋代袁枢的《通鉴纪事本末》。它不以人为中心，而以事为中心，分类排纂，每篇叙述一件史事，穷原竟委，前后分明，易于通晓，但缺乏史事间之横的联系。

宋时仿袁氏体例的史书还有章冲的《左传事类始末》及徐梦莘的《三朝北盟会编》。明陈邦瞻撰《宋史纪事本末》及《元史纪事本末》，清谷应泰撰《明史纪事本末》，高士奇撰《左传纪事本末》，与袁氏书合称“五纪事本末”。

清魏源《圣武记》（记清代军事）及马骕《绎史》（记上古至周末事）亦颇重要。

别 史

别史是私家著作而体例和正史相类似的，如宋郑渔仲（樵）《通志》一书，有本纪、世家、列传等篇，俨然正史一样，所以史部分类将它列入别史。

其实《通志》的特点乃在于叙述历代典章文物的二十略，应当属于过去史部分目中的“政书”一类，与《通典》《通考》相联系，而在现在的分类，则当属文化史或制度史。

清蒋良骐所撰的《东华录》，述清初史事，起天命至雍正凡六朝，亦是别史中的名著，后来王先谦将其内容扩大，并续编乾隆以下五朝，至同治止，称《十一朝东华录》。

《通志》一书，纪传由上古叙至隋止，礼乐政刑之类，则叙至唐止。其中列传，全仿史汉的分类形式，而不采取个人的标题，其分类有后妃、宗室、外戚、忠义、孝友、义行、独行、循吏、酷吏、儒林、文苑、隐逸、宦者、游侠、刺客、滑稽、货殖、艺术、佞幸、列女、载记、四夷等。

《通志》二十略的名称是氏族、六书、七音、天文、地理、都邑、礼、谥法、器服、乐、职官、选举、刑法、食货、艺文、校雠、图谱、金石、灾祥、昆虫草木。其中氏族、六书、七音、谥法、校雠、图谱、金石、昆虫草木诸略，是郑氏创造的门类，不是前史所有，尤其值得注意。

清乾隆时又仿郑氏《通志》敕纂《续通志》及《皇朝通志》两书。《续通志》纪传从唐起，诸略自五代起，列传中增加孔氏后裔、贰臣、奸臣、叛臣、逆臣等传，而删并游侠、刺客、滑稽、货殖等，二十略则内容多有增补。《皇朝通志》二十略名称依旧，但将内容增减，纪传年谱则从省。

政 书

记述制度文物之沿革的史书，在过去史部子目中，称为政书。创造这种史书的是唐朝的杜佑。

杜氏搜集上古以至唐肃宗、代宗时的材料，参考刘秩《政典》及《开元新礼》等书，分八类编纂，成《通典》一书。其八类次序是：（一）食货；（二）选举；（三）职官；（四）礼；（五）乐；（六）刑；（七）州郡；（八）边防。他自叙说："夫理道之先，在乎行教化，教化之本，在乎足衣食。"可说是独具卓识。

清乾隆敕撰《续通典》，自唐肃宗至德元年至明崇祯末年止，九百七十八年间的典章制度，颇能扼要叙述，又《皇朝通典》一部，记清朝制度。两书都依杜氏篇目，但刑典中析出兵典一种。

继杜佑《通典》而更加详备的同类著作，应推元马贵与（端临）的《文献通考》。马氏自序中说："门分类别：曰田赋，曰钱币，曰户口，曰职役，曰征榷，曰市籴，曰土贡，曰国用，曰选举，曰学校，曰职官，曰郊社，曰宗庙，曰王礼，曰乐，曰兵，曰刑，曰舆地，曰四裔，俱效《通典》之成规；自天宝以前，则增益其事迹之所未备，离析其门类之所未详；自天宝以后，至宋嘉定之末，则续而成之。曰经籍，曰帝系，曰封建，曰象纬，曰物异，则《通典》未有论述，而采摭诸书以成之者也。为门二十有四，卷三百四十有八。”

马氏书，乾隆时也有续编。一为《续文献通考》，叙宋、辽、金、元、明五代事迹，于马书郊社、宗庙内分出群祀、群庙，扩充到二十六门，内容有比马书详密处。一为《皇朝文献通考》，记载颇详，卷帙与马氏书差不多。

以上杜氏《通典》、马氏《通考》，与郑樵《通志》，合称“三通”，再加以清乾隆敕撰的续编六种，则称为“九通”。

从前有一句话说，“秀才不读九通，还只算不通”，可见人们对这几部书的重视。三通内容虽不免重复，但亦各有其特点。《通典》简单扼要，《通考》详明周密，《通志》则别有剪裁，精于考订，其细微节目，有为前两种所不具备的。所以三种书同时流行。现在研究中国社会经济史、学术史等专史，当以它们为重要资料。

杂史传记及其他

杂史是不以中央政权为纲领的史书，体裁和正史不相类似，但内容仍有体系，可与正史相参证。

例如《国语》叙春秋时事，是分国叙述的；《战国策》讲战国时纵横捭阖的活动，也是分国叙述的。这两书是司马迁作《史记》的重要参考书之一部分。

传记是指《孔子编年》《朱子年谱》《名臣言行录》那一类的书。清李元度所著的《国朝先正事略》，道光以前人物略具，是清代史的重要参考资料。

其他史书，有所谓“载记”者，如《吴越春秋》《安南志略》《朝鲜志略》等便是。有所谓“史抄”者，如《两汉博闻》《通鉴总类》等便是。有所谓“职官”者，如《历代职官表》《百官箴》等是。有所谓“时令”者，如《岁时广记》是。有所谓“诏令奏议”者，如《两汉诏令》《历代名臣奏议》等是。

这些书是次要的史料，在专门研究者是可以择要参考的。至于所谓稗官野史，大概是指私人笔记，记述掌故逸闻，可以补官书之缺，纠正官书之错误的，例如太平天国失败，它的本身记载完全被清政府消灭，只民间有些零星笔记保存其一部分真相。这类的野史倒是可宝贵的资料。

前代野史，如宋末有郑所南（思肖）《心史》，明末有《扬州十日记》《风倒梧桐记》等，曾激发民族意识，是世所公认的。

学术史

学术史是四库史部中所没有的类名，但著作中除《汉书·艺文志》《隋书·经籍志》可作学术史读外，仍不缺乏完整有体系的学术史。

清初黄梨洲（宗羲）所著的《明儒学案》是最初的一部良好学术史，就明代各学派源流、代表人物及其学说内容作一有系统的叙述，对于王（阳明）学各派，尤其说得精彩，如姚江、江右王门、泰州、东林、蕺山等案都是。

梨洲对于各家的不同或相反意见，都能用客观的态度来叙述。这部书写成以后，黄氏又写《宋元学案》，未完成而逝世，经全祖望、王梓材两次续成。

《宋元学案》的编制方法更进步，每一学案之前，先列一个表，详细说明那一派的师友弟子的关系，其次就是各代表人物的小传，再次就是学术精义的摘要叙述。不过这书末了所附《王安石新学略》不大好，因为编者含有门户之见，不能客观地叙述。

清代为学术发达时期，前半期的学术史，有江藩所著《国朝汉学师承记》及《国朝宋学渊源记》两书，至于全期学术史则梁启超及今人钱穆各有《中国近三百年学术史》的编著，梁氏还有一种《清代学术概论》，内容比较简单。钱氏颇赞扬宋学，对宋学一派叙述特详，梁氏的叙述比较完全，因为他很钦仰汉学家的考证工作，对今文派尤其说得有声有色，而他自己也出身于今文派。

史 评

过去所谓史评，包括三种著作：（一）如刘知幾的《史通》及章学诚的《文史通义》是评论作史方法的，可说是史学方法论；（二）如王船山的《宋论》《读通鉴论》是评论史事的，就是借史事的讨论来表现他对于时事的意见，这可说是史论；（三）如王鸣盛的《十七史商榷》，赵翼（瓯北）的《廿二史札记》，钱大昕的《廿二史考异》等书，以考证史书记载的异同，论述各时代史实的特征为主要内容，这种可说是史的考证学。

史论虽然可以帮助我们了解那些评论对象的内容，但这一点无关紧要，还不如把它当作研究作者思想的资料。史的考证学对于史实的了解及史书的阅读都给予了实际的帮助，是我们读史的重要参考书。

至于史学方法论著作，是关于史的本身的讨论，是我国固有的科学之一部门，而且是社会科学里面的一个重要部门，虽然还没有多大的发展，但那仅有的几册书也值得阅读。

刘知幾是唐朝的史官，根据他的专门研究及工作经验，著《史通》一书，详论作史方法，分内外篇四十余篇，有独到的见解与锐利的批评。

内篇开始的两篇，《六家》及《二体》，分析唐以前史书有六种体例，即尚书家、春秋家、左传家、国语家、史记家、汉书家，而其中只《左传》

及《汉书》两体才可以为作史的标准。他所说的六家，正代表着记言、记事、编年、国别、通古纪传、断代纪传的六体。他所选择的就是编年与断代纪传两体。

《春秋》虽然也按年月次序，但内容太简单，好像大事年表一样，所以不能算作标准的编年体。《史记》《汉书》虽然同是纪传，但《史记》是通史，对秦以前史实叙述又不甚详明，同时他所根据的经、子、史的古书，也多流传于世，因此刘知幾认为它不完备、欠条理，且和别的书重复，不如断代为史的《汉书》好。

刘知幾提倡断代史而攻击通史，自现代史家看来，是显然错误的。但历朝官修史书，自以断代为最方便，因为它能够写得详细完备而不至于重复，这或者是刘氏从史官立场而得出的结论。

刘知幾又主张记载事实的真相，不大赞同因褒贬而歪曲事实的春秋笔法。他有疑古的精神，对《论语》《孟子》及诸子书都认为有些不可靠。

章学诚（实斋）曾过着游幕生活，曾修过地方志，他所著的《文史通义》分内外篇，内篇兼论文史及一般学术，外篇专论方志。他的论史有几个要点：（一）六经皆史；（二）史家分记注与撰述两种，记注是搜集并保存史料的，撰述则是史书的著作；（三）通史一体，足以通古今之变，成一家之言，如《史记》及郑樵《通志》等是（清修《四库全书》，将郑志入别史，未列通史一门，殊不了解通史的重要性）；（四）史学须分科，注意地方史的编修及史料的保存。

中国史书自《春秋》起，就有拿垂训借鉴为宗旨的一派，朱熹著《通鉴纲目》，于三国时一定要把刘备做正统，就是这种道理。但刘知幾、郑樵、章学诚、王鸣盛等都主张照事直书，不必强加褒贬，这可说是科学的史法。

地 理

我国地理学书，一般人都以《禹贡》为第一部古典著作（清胡渭著有《禹贡锥指》，是研究《禹贡》的权威著作）。汉以后正史中有《地理志》。

至以专书行世者有北魏郦道元的《水经注》（《水经》或系一种古书），唐人《元和郡县志》等，都不甚佳。

宋时地理学较有进步，有《太平寰宇记》《元丰九域志》《舆地广记》等书及《南北对镜图》《混一图》等地图。

西洋地理学于明代输入，有利玛窦、艾儒略诸人著作。

清康熙年间，又派西洋教士测绘《皇舆全览图》，十年而成。但清末西学输入以前，我国地理学范围甚小，几乎全是沿革地理，仅足备读史的参考。

章太炎曾在《国学概论》讲演中说过："地理本应包括地质、地文及地志三方面，但我国过去只有地志。自然地志仅清乾隆时《水道提纲》较好，政治地志则以明末清初顾祖禹所著之《读史方舆纪要》（此书很著名，论军事形势极好）、《大清一统志》、《乾隆府厅州县志》、《李申耆五种》较佳。《元史》地名复杂，须看《元史译文证补》。"

南北史地名亦难清楚，洪亮吉、吴增仅、杨惺吾有该时期地志或疆域图之著作。

历史哲学

历史哲学是国学中所没有的名词，但从今人眼光去看，我国过去已有体系完整的历史哲学。

汉代大儒董仲舒所著的《春秋繁露》就是历史哲学的一部重要著作。其次是宋朝邵雍所著的《皇极经世》。

董仲舒是用阴阳五行之说来解释整个宇宙的，他把阴阳五行的理论应用到历史的变化上，就创立了三统循环的学说。这就是说，世运有黑统、白统、赤统，循环交替，周而复始，如夏尚黑，商尚白，周尚赤，即三统的象征，继周的统治者又当为黑统。历代帝王创建新朝，必须改正朔，易服色，就是表示天命的改变，这和三统论有关联。

邵雍的《皇极经世》，说天地之终始为一元，一元有十二会，一会有三十运，一运有十二世，一世有三十年，这样算起来，一元就是一十二万九千六百年，一元告终，天地坏灭，此后即另有新天地，照此公式，重新开辟。他这种推算，和六十四卦配合，其实是由一年十二月，一月三十日，一日十二时的数目类推出来的。他又说现在之世界，虽距天地之终尚远，但最好的时期已经过去，现在之世界，正如方已盛开之花，虽蕊瓣层层，而衰机已现，因为他认定尧舜时代是黄金时代，此后便一代不如一代了。

过去我国人大都相信这种退化观或循环观的历史哲学，但清末康有为根据《公羊传》春秋三世之说而倡进化观，说世界由据乱世进到升平世，再进到太平世，“孔子生当据乱之世，今者大地既通，欧美大变，盖进到升平之世矣，异日大地大小远近如一，国土既尽，种类不分，风化齐同，则如一而太平矣，孔子已预知之”（康有为著《〈论语〉注》）。

康氏的进化观虽然高明一点，但其玄想神秘，也和董仲舒、邵雍差不多。

新史学的产生

新史学受外来影响而产生，对传统的历史观念有重要的改变。这可以拿梁启超的《中国历史研究法》作代表。新史家认为：

（一）过去史书是写给帝王或贵族等少数人看的，现在则应以全民为读者对象。

（二）过去史书是为死人作的，如帝王纪传，私家墓志家传等都是颂扬死人功德，现在则应为生人而作。

（三）过去垂训的史法，使记录失真，现在应以客观记述为主。

（四）史的范围应以收缩为扩张。过去史外无学，什么天文呀，历法呀，官制呀，典礼呀，刑法呀……通通包括在史书里面，后来分途发展，那些部门已成了独立学科，历史范围自应缩小。例如“二十四史”中的《天文志》，从《汉书》一直到《明史》，老是记载那些星座躔度，其实这都是天文学范围的事，史书不应容纳的。史书所应记载的是我国的天文学史，如何时发现中星，何时发明置闰，何时发明岁差，以及关于恒星、行星的辨别，盖天、浑天的争论等，这就是天文史，是史书所应记载的。这样，一方面历史书既把各科学术还给那些学术本身，另一方面却须把每种学术以及我民族一切文化业绩的发展过程分门别类地讲出来，所以是收缩也是扩张。

（五）他们还觉得过去的史书，无论是编年体、纪传体、纪事本末体，都不免是片段的记载，或缺乏纵的联系，或缺乏横的联系，我们现在则须注意紧密联系的著述。

（六）过去史家缺乏进步观念，我们现在作史，则须有此观念。

（七）过去偏重人名、地名的记载，偏重政治或惊人事变，现在则须注重一般的叙述。

梁氏书还有补编，专叙人物传记及文物专史的作法。梁著的缺点在于他还没有认清历史变化的客观规律，有时偏向于英雄造时势的观点，且有过分重视政治作用之处，其于垂训借鉴的旧套，也未能完全免除。但梁氏治史方法确是科学的，他这部著作是新史学的开路者。此外，蔡尚思的《中国历史新研究法》（中华书局）颇能提出更新的观点。

新史学的业绩

新史学的工作有三方面可说：

一是史料方面，过去帝王起居注一类的无意义史料，已经删除，另外却发现许多新的史料，例如：

（一）殷墟甲骨文及古器物的发掘。孙诒让、罗振玉、王国维、董作宾、郭沫若等都有研究报告。如王氏之《殷卜辞中所见先公先王考》及《续考》，足证《世本》及《史记》的殷商帝系为实录，又王氏的《殷商制度论》也很重要。

（二）西域考古的种种发现。罗振玉曾根据它编成《鸣沙石室古籍丛残》三十种及《鸣沙石室佚古续编》。

（三）清内阁大库档案的整理。此物首先是罗振玉在北平市四中发现，正有一批档案已作废纸出卖，将运往造纸工场去做原料，罗氏出重价收买之，编《史料丛刊》十册。另一批未卖掉的归历史语言研究所保存整理，曾编成《明清史料》三集，每集十册。

（四）各民族文字的发现。中国史上若干民族的语文，现在已不可通晓，如辽、金、西夏文字，近年从北方各处石刻及地下发掘，逐渐发现，而且在西北各地发现了佉卢文、回鹘文、粟特（康居）文等。西南边疆民族文字，有丁文江《爨文考释》一书。

（五）吉金文字的研究，见前《金石之学》。

（六）无文字史料的采获，即各地发掘的铜器、陶器、石器等。

一是研究工具方面，比过去扩大加多，如地质学、考古学、古生物学、解剖学、金石学、语言文字学等科学，都能帮助我们鉴别种种史料。某次一德国地质学家在北平见市上有卖龙骨治病的，他买来研究，发现似乎是第三纪人类的化石，可见随处都是史料。

一是著作方面，综合性质的有新通史的编著，章太炎曾拟《通史略例》而未写，现有邓之诚、章嵚、吕思勉、周谷城诸氏先后发表的著作，分析性质的有学术史、文化史、经济史、政治思想史、音乐史、美术史、文学史、哲学史等的专史产生，商务馆的"中国文化史丛书"，包括专史至四十余种，而社会发展史的问题，尤其引起中外人士的注意和讨论。

在五四运动以后不久，以疑古精神为中心的国故整理，对于中国古代史曾尽了一种开辟道路的职责。

过去一般好古崇古的学者，无论是理学家或考证学家，都相信古书上三皇五帝和尧舜的故事为完全真实，因为他们不敢怀疑经典。自顾颉刚《古史辨》皇皇大著出版，许多迷信古书的人为之震惊。

比方说"禹是虫"之类，这是过去考证家所不敢说的。这些疑古的学者，认为那些可作古代史料看的六经也不可靠，如《尚书》梅赜伪古文固不用说，即二十八篇之"真古文"，也没有信史的价值，至于《易经》，乃是一部卜筮之书，更不能作上古史料看。因此对于唐虞夏商的历史，只好存而不论，要作史只可从春秋时代起。

这种存疑的态度为另一派新史学家所不满，于是他们又开始运用科学的方法来进行中国原始社会史的研究。

最初的一部著作就是郭沫若的《中国古代社会研究》，他利用《诗经》

《书经》《易经》中的史料，又根据铜器铭文及殷墟甲骨文字的考证，旁采《山海经》《楚辞》《淮南子》等书里面的神话，而加以合理地解释，使那些荒诞不经的传说都成为古代历史事实的说明。

过去周秦诸子以至司马迁一直到清代朴学大师们都不曾理解三皇五帝时代的历史，因为他们都是用后世封建国家的制度去想象古代，而把古代传说描写成为帝王的故事。

现在新史家根据社会由野蛮进文明的发展法则去分析那些传说，便知古代没有帝王，只是共财同居的部落的酋长。

继郭氏而发表古史研究文字的是吕振羽，他应用旧石器、新石器时代的出土古物，配合着民俗学的知识，而同古书上的神话传说相印证，写出一部《史前期中国社会研究》（不久又有一部《中国原始社会史》出版）。

郭、吕两氏的意见虽然还不足为定论，但比之仅仅存疑的学者们是进了一大步，是表现了更深刻的见解。

关于中国社会发展史的时期区分，各史家还没有统一的意见。如郭沫若把殷商看作氏族社会，把西周看作奴隶社会，把春秋以后看作封建社会；但吕振羽则认为殷商是奴隶社会，西周以后为封建社会。这是比较合理的两派，还有种种离奇的意见，兹不赘述。

总之，这些新史家的观点，与主张“六经皆史”的章实斋、章太炎诸氏以及怀疑古史不可靠的胡适之、顾颉刚诸氏，都有所不同。章氏过于相信古书，胡、顾则过于排斥神话传说，但郭、吕诸氏能以另一种眼光来观察那些荒诞的神话与不可靠的传说，他们的古书新读法是从来一般国学专家所不曾发现的。

第七章 诸子

诸子的学术派别

古时尊称男子为“子”，各派学术著作也多称“子”，如《孟子》《庄子》等，大概这种著作多半是由门弟子记述其师说编辑而成，书中常常说及其师而尊称之为子，后人便拿这个人名的“子”来作为书名了。

刘歆、班固的群书分类中，有“诸子略”一类，包含九流十家，大部分是春秋战国时代的著作。

称为九流的九家是各有它的理论体系的，在九流之外的小说则没有什么特殊的理论，而只是九流中作通俗化运动的或民间讨论学术的零星著作。例如《虞初周说》九四三篇，据应劭的解释，“其书以《周书》为本”。

《周书》是一种史书，现存有“汲冢”发现的本子，《虞初周说》大概就是集合民间传说写成的一部《周书演义》。

又如《宋子》一书，是宋轻所作，宋轻的为人，“见侮不辱，救民之斗，禁攻寝兵，救世之战，以此周行天下，上说下教，虽天下不取，强聒而不舍者也”（《庄子·天下》篇），他极力陈说见侮之并不足为辱，以消灭人们的争斗心，并到处宣传反战，理论与行动是近于墨子，而宣传方式则是通俗的，大概采取了许多民间故事做材料。

《汉书·艺文志》所载的小说家的书没有一部流传后世的，我们以后不再讨论它了。

其余九家著作多少还有一些存在，其中最值得注意的儒、道、墨、名、法五家，后面将要分别说明，因为这几家都有特殊的哲学思想。

至于杂家著作，最重要的是《吕氏春秋》及《淮南子》，是集合几派学者编写的，所包含的思想不止一种，但我们从这种书可以得到各派思想的补充说明。

阴阳家的著作已经失传，但他们的理论在旁的书上有零星的叙述，尤其是"术数"（关于自然现象的占验以及卜筮）、"方技"（医药）二"略"的书，及一部分"兵家"书，没有不是根据阴阳家的理论的，例如《黄帝内经》一书，是医家假托黄帝名义而写成的病理学，就是阴阳家学说的具体应用。

阴阳家学说包含哲学上的宇宙论，及天文、数学等自然科学的理论，又发展为解释社会现象的历史哲学。就是儒家也受了阴阳家的影响。儒家在孔子时，本来不谈宇宙，也没有天人合一的理论体系，到战国时候，采取阴阳家的学说，方才大谈其宇宙，而有《易经》之作（采郭沫若的臆说），就是子思、孟子的发扬五行旧说（据《荀子》说）也未必不和阴阳家有相互的影响，到汉代的儒家董仲舒以及著作谶纬之书的先生们更充分地采取阴阳家的学说了。

纵横家是春秋战国时代在国际间活动的策士和外交家，他们讲求纵横捭阖的手段和辩论说服煽动的言语技术，最著名的人物是苏秦、张仪，而孔子弟子子贡也相当著名（《史记》载，子贡一出，存鲁、乱齐、破吴、强晋而霸越。孔子也是倡纵横之术的，他说："不学诗，无以言。"又说："诵诗三百，授之以政，不达；使于四方，不能专对，虽多，亦奚以为？"他的教育科目中有"言语"一科，高才生为宰我、子贡）。现在流传的著作有《鬼谷子》一种，据说是苏秦所作。但这书还不如《战国策》足以代表纵横家。

农家列于九流之一，不只是讲求农业技术，他们也有理论，在经济上主张重农，在政治上主张打破劳力、劳心的界限，废除统治、被治的分别。孟子所谓有为神农之言者许行，倡导贤者与民并耕而食的理想，反对“厉民而以自养”，这人即属于农家，其学说是从道家发展出来的。

儒 家

儒家的开派大师是孔子，孔子的思想，可以《论语》代表之。

孔子思想的特征是：（一）不信神怪，不谈宇宙本体，专讲人事；（二）因此在政治上就抛弃了上古的天道思想，而主张人治主义；（三）以伦理思想为中心，他的政治主张及逻辑方法都从他的伦理思想引申出来；（四）对当时的现状主张改革，但改革方法却是和平的、折中主义的。

孔子的伦理思想，是主张君仁、臣忠、父慈、子孝、夫义、妇顺、兄友、弟恭、朋友有信的，而以“仁”为根本观念。

仁是爱人、救世的热情，而出发点则在于孝悌，这就是推爱己之心以爱人，推爱父母兄弟之心以爱一切世人。

实行的方法则有所谓“恕”，就是“己所不欲，勿施于人”，而积极方面，则是“己欲立而立人，己欲达而达人”。

孔子以为这样推己及人的仁爱，可以使五种人伦关系调整合理，而社会便能安宁发展。同时在政治上能够推己及人，即由亲亲而仁民，便能施行仁政，以德化民。

孔子主张“以礼让为国”，凡在统治地位的一定要有道德，和古希腊柏拉图以哲学家治国的理想相像。

孔子推己及人的伦理道德学说，应用于逻辑上，便成了“问一以知十”“举一隅则以三隅反”的演绎法。同时孔子也应用归纳法，如“众好之，必察焉，众恶之，必察焉”，即注重观察事实，为应用归纳法的一例。

发扬孔子学说的有两派：一派是子思和孟子，一派是荀子。

据郭沫若及王柏两氏考证，《易传》（十翼）、《大学》和《中庸》一样，都是子思的思想。

子思哲学是观念论的，他发展了孔子的演绎逻辑，而以主观范畴的“诚”为宇宙本体，建立了天道与人性合一的体系。在政治上以正心诚意为基本，构成修齐治平的一系列程序。其在《易传》上，提出“阴阳不测之谓神”，在《中庸》上盛称“鬼神之为德，其盛矣乎！视之而弗见，听之而弗闻，体物而不可遗”，又赞美孔子为天下至圣，可以配天，这几处文字，颇有宗教化色彩，或系受了墨家的影响。

孟子继承子思的思想，与杨朱、墨翟两派作理论争辩，其言论见于《孟子》七篇。孟子倡性善说，认为仁义礼智，是人类先天具有的“良知良能”，只要扩充这个良知良能，“人皆可以为尧舜”，因此又主张“存心”“养性”的修养方法。

孟子与子思一样，有天人合一的思想，又自命为尧舜禹汤文武周孔的道统继承者。他表面上不讲功利，而标榜仁义，其实是以仁义为功利，如说“仁者无敌于天下”“不嗜杀人者能一之”（能一之即能统一天下）等话，处处都说出仁义的实效。孟子这种政治主张就是所谓王道，王道是开明专制，故尊重民意，强调“民贵君轻”之说，王道又是保育政治，故说“保民而王”。对于人民生计，他主张实现井田制的理想，“薄税敛，深耕易耨”，使人民有“恒产”，以“野人”养“君子”。

荀子名况，又称孙卿子，赵人，他的学说与子思、孟子不同，可说是发展孔子的经验论一方面。

荀子认为人性是恶的，须用人为的方法教育训练，方才可以为善。因此他很注重礼乐，注重教育，荀子书中的《礼论》《乐论》《劝学》诸篇，为大、小戴《礼记》所采用，可以证明他在儒家中地位的重要，但自宋儒尊孟黜荀以来，一般人都不研究荀子，儒家思想更狭隘了。

荀子的无神思想比孔子更进一步，他在《天论》篇指出："天行有常，不为尧存，不为桀亡。"又说："大天而思之，孰与物畜而制之？从天而颂之，孰与制天命而用之？"这是主张利用自然、征服自然，颇有科学精神。

荀子的《正名》篇，以实（存在）为名（概念）的主导，尤其是比较进步的逻辑，他凭借这个工具和"别墨"及诡辩家做斗争。

荀子书以王先谦《荀子集解》本为佳。

道　家

道家的主要人物是老子，著作有《道德经》五千言，据考证，这书是战国时环渊所编，环渊又叫关尹子，也是道家的要角。

我们从《道德经》研究老子思想，便知老子认定宇宙的本体，是道或天，是自然的物质，又指出“反（矛盾）者道之动”，而运动过程则有几个阶段，所谓“道生一，一生二，二生三，三生万物”。又指出对待事物的相互转变，如“有无相生，难易相成”等。又因强弱、刚柔、动静可以转变，所以主张以弱胜强，以柔克刚，以静制动。

他对于社会的评判，则说：“天之道，损有余而补不足，人之道则不然，损不足以奉有余。”又说：“民之饥，以其上食税之多，是以饥。”他谈到治事方法主张“无为”，即认为人类做事必须遵守自然的规律，不可违反自然规律，任意妄为，所以又说“无为而无不为”。

老子这些思想都很客观。但是另一方面，他又主张静止，主张无中生有，主张复古，主张无知无欲，主张柔弱、不争，因而形成消极退让的人生观。他这种逃避现实的幻想，却是观念论的。

老子书，王弼注本及魏源《老子本义》本较好。杨树达辑诸子论老子的话而成《老子古义》一书，是最好的参考书。

继承老子哲学的有关尹子、列御寇、杨朱、庄周等。

“关尹贵清，列子贵虚……杨朱贵已。”（《吕氏春秋·不二》篇）关尹的学说只从《庄子·天下》篇可以知道一点，他是认定人类的认识，必须如水或镜一样，采取纯客观主义的态度。

列子与杨朱的学说，现在都只能从晋朝人编撰的伪《列子》书中去寻找。列子明白指出天地之初为一混沌的实体——“太易”，太易变化而生万物，完全是机械地运动，是有必然性的，又提倡无欲无我的客观主义，即“贵虚”。

杨朱否认人死后还有灵魂存在，是一个无神论者，他认为“道”是活动的自然力，表现在人类中，就是嗜好情欲等，他主张“全性保真”，满足人类自然的欲望，是近乎古希腊伊壁鸠鲁的快乐主义者。孟子曾指斥他的“为我”主义，说他“拔一毛而利天下，不为也”，但他说：“古之人损一毫利天下，不与也，悉天下奉一身，不取也，人人不损一毫，人人不利天下，天下治矣。”荀子及韩非子都有评判杨朱的话，可参看。

庄子与老子并称，而思想不相同。两子都尊重自然力，这是道家的根本思想，但老子尊重自然，是主张随顺自然之理以治事，其对于治国主无为而治，对于抗敌，主先以弱自处，都是入世的态度，所谓以无为有，以退为进也。庄子就不是这样，他因尊重自然力而主张委心任运，颇有出世思想，是将老子的消极一面特别发展了。

庄子不能将有和无统一起来，因此把现象和本体也隔开了。他认为现象世界所谓大小、贵贱、寿夭等的范畴都因比较而生，即相对的，实际上是没有的。现象世界成为虚幻，那么人所应把握的就是那个无差别的“道枢”了。

这样，庄子的世界观就成了唯心论的，它和佛教大乘所谓“空”的原理相似。所以章氏太炎曾用佛学理论来解《庄子》，作《齐物论释》。章氏又说：庄子的根本主张是自由平等。他以为《逍遥游》篇是讲自由，真自由是"无待"，即超脱世俗对待比较的观念；《齐物论》篇是讲平等，真平等是我与物平，去是非的差别，化彼此的界限。

《庄子》书说理很精，所以章氏非常推重。全书三十三篇，末篇（《天下》篇）评论各派学术，可考见古代学术源流。

王先谦《庄子集解》，郭庆藩《庄子集释》，都好读，郭书载晋郭象注更全备，郭象本身也是一思想家，他作的注可作晋人哲学读（《齐物论》一篇，傅斯年认为是慎到所作）。

墨　家

墨家是春秋战国之间下层民众与商人中间的一个帮派，带宗教性，其领袖称为巨子，巨子对其徒众，可以执行严格的纪律。

墨学开派大师是墨翟，现在的著作只《墨子》一书，编著者是墨氏门徒，且不出一人之手，其中最重要的是《尚贤》《尚同》《兼爱》《非攻》《节用》《节葬》《天志》《明鬼》《非乐》《非命》《非儒》等篇，因其叙述墨学中心思想。

墨子站在新兴商人及大众的立场，所以主张短丧节葬，反对奢侈娱乐的贵族生活，反对那种容忍不良现状的命运观念，反对侵略性的战争，主张打破家族观念而博爱人类，主张选用贤能而废除世袭贵族的统治，主张集中意志（尚同）而造成和平的大一统。

这些主张多半与儒家的主张不合，所以反对儒家。

因为原始的大众组织多带宗教性，所以说“天”和“鬼”（祖先的灵魂）都是有意志的。

墨子之徒，刻苦耐劳，热心救世，团结坚强，曾因反侵略而参加抗战，对于军事、兵工的专门之学，也极有研究。《墨子》书中《备城门》等篇都是谈军事的。

墨学的消沉，比道家、名家等更早，大概是因为它偏于实用而缺乏形式功夫（如礼乐），即荀子所谓“蔽于用而不知文”的缘故。

其实墨子“尚同”之说，即主张思想定于一尊，也很足以供后世帝王利用。又墨家因为没有“天堂”“来世”的想象，也不能形成一种长期存在的宗教。

《墨子》书文字通俗，但因时代过古，又失了传授，所以不容易了解。清毕沅有校本，孙诒让《墨子间诂》，则集清代治墨学者的大成。

别墨及名家

《墨子》书中有《经上》《经下》《经说上》《经说下》《大取》《小取》等篇，是墨家中一派所谓“别墨”者的著作，其中包括有论理学（名学）、数学及旁的科学知识，通常称为《墨经》。梁启超著有《墨经校释》，胡适《中国哲学史大纲》里面也有若干说明。

“别墨”是墨家中专门研究名学的，我们不妨和惠施、公孙龙等名家者流一例看待。

论理学是各种学术的工具，所以周秦诸子都讲正名之学。儒家的荀子精于名学，前已说过。

墨家除《墨经》所讲的以外还有“三表法”，是他们的论证方法。又，《汉志》列在名家中的“邓析子”及“尹文子”，其实是法家而兼名家。

纯粹讲逻辑学的名家，应推惠施与公孙龙。惠施的书已经失传，他的学说只能从《庄子·天下》篇看到一点。《公孙龙子》，《汉志》载有十四篇，现只存六篇，为仅存的名家有系统的著作。

公孙龙以《白马论》著名，他的推论是：“马者所以命形也；白者所以命色也。命色者非命形也，故曰白马非马。”他还有《坚白论》，把坚、白的属性从石头的自体完全分离开来。

战国时名家有“合同异”及“离坚白”两派。公孙龙属于后一派，惠施属于前一派。

惠施说：“天与地卑，山与泽平。”又说：“南方无穷而有穷。”又说：“今日适越而昔来。”章太炎认为，是说一切空间或时间的区别都非实有。他又说：“大同而与小同异，此之谓小同异，万物毕同毕异，此之谓大同异。”章氏认为，这是说一切同异都非实有。

别墨派也谈坚白同异之说，而主张“合坚白”“离同异”，与公孙龙、惠施相反。当时名家具有辩证法的观点，如《庄子·天下》篇所谓“南方有穷而无穷”及“一尺之棰，日取其半，万世不竭”等命题，《墨经》上也有，都是说明有限与无限的矛盾的。

法 家

法治主义起源于春秋时代，如管仲、子产所实行的就是，但形成一个学派却在尹文、申不害、商鞅、韩非的时代。

他们所根据的哲学是道家的自然主义，因为自然界有一定的规律，人类行为也应有一定的规律，这种规律就是体现自然法而创制的人为法。

他们以为有了法，便使人们的行动有客观的标准可以遵循，统治者以法驭众，不必多费心思，大可以无为而治。这也符合道家的旨趣。

所以《韩非子》有《解老》《喻老》等篇，讲老子哲学。《管子》因有一部分讲道家哲学，《汉志》把它列在道家。

同时他们和儒家、墨家也有渊源的关系。儒家的礼治，据荀子解释，是给人们欲望以统制，也就是把物质分配，按照智愚、能不能的区别分级规定，这和法治已很接近。荀子又主张中央集权，主张“法后王”（以目前政制为基础），这些理论都是法家所采取的。墨家主张中央集权，主张思想上同于天子，也是法家所采取的。

法家有“术治”“势治”“法治”等派，而以法治派为正统。申不害主术治，术治是人君用权术来驾驭臣下，术是不公开的。慎到主势治，势治是用威权来统治，势是自然演成的，不是人类意志所能任意创造。商鞅、韩非主法治，法是公开的，可由人的意志创造的。

但我们也可说法家是法术并用，法是官吏治民的工具，而术是人君驭下的工具，即统御官吏的方法。法家是反对人治主义的，儒家的以德化民、墨家的尚贤，都是法家所不赞同的。

法家以为人治是主观的，不如法治的客观无私。人治以得贤人为条件，但贤君贤相只偶然地出现，不如法治有常度。人治使君主烦劳，不如法治的无为而治。

法家论国家的起源，比墨家、儒家正确，儒家主家族起源说，墨家主民约说，法家则主权力起源说。法家说“令尊于君”，是强调法的尊严性。法家虽然主张中央集权，但不主张专制，因为他们认为君主也要守法。

可是他们有一个大漏洞，就是主张立法权仍然操之于君主，君主既可立法，也可废法，自然可以任意胡为。所以荀子批评他们“民不议法”说的毛病，而提出“纂论（继续地议论）公察则民不疑”的论点。

法家书以《韩非子》为最精粹，王先慎《韩非子集解》本可读。其次是《管子》，清洪颐煊《管子义证》，戴望《管子校正》，章炳麟《管子余义》以及今人《管子今诠》诸本，同时参阅最好。此外有《商君书》《尹文子》《慎子》等，不及管、韩二子的重要。

法家对后世政治颇有影响，汉朝的萧何、曹参、贾谊、晁错，三国的诸葛亮，都是服膺法家的。

兵家及其他

兵家《汉志》不列于诸子，后世目录学家则列为诸子之一。兵家古籍流传到现在的有《吴子》《孙子》《尉缭子》等数种，以《孙子》为最重要。

孙子为吴王阖闾的大将，著《兵法》八十二篇，魏武帝选辑其中最精粹的十三篇，加以注解，名《孙武子》，后人陆续注释的很多，通行本有《孙子十家注》。这书讲论战争原理及战略问题，有很精到的见解，即使在现代，依然适用。

又，汉以后儒家书，其不是注解儒经而能自成一家言的，向来也被认为诸子。

如桓宽《盐铁论》，系根据汉时因盐铁业国营问题而起的辩论扩充写成的，可以作为经济史的资料，张敦仁考证及王先谦校本都好。

如贾谊的《新书》，刘向的《新序》《说苑》及《列女传》，陆贾的《新语》，扬雄的《太玄经》《法言》，隋王通的《文中子》等，则很少新见解。

其中只扬雄颇足以注意，因其时阴阳家谶纬之学盛行，他能给予有系统的驳斥，使儒家学说与阴阳家分离，而与道家结合，开魏晋玄学之路。扬雄所根据的是《易经》与《老子》的自然主义宇宙观与人生观，并无新意。他写《太玄经》仿效《易经》体例；写《法言》则仿效《论语》。他论人性，与孟、荀两家不同，他在《法言》里说："人之生也，善恶混，修其善则为善人，修其恶则为恶人。"

此外儒家诸子，还有《孔丛子》及《孔子家语》，都是魏王肃所造，而假托周秦时代的著作。

道家书有晋朝的《抱朴子》，葛洪所撰，颇足注意。这书分《内篇》和《外篇》。《内篇》论神仙修炼，符箓劾治诸事，虽号称道家言，其实和老庄没有关系。《外篇》则论时政的得失，人事的好坏，大意是以黄老为主。

所谓黄老之学，是汉时盛行的名词，文帝、景帝时代，贾谊、晁错等都是兼讲黄老之学的，这是根据老子的议论，而同时假托黄帝之说的，例如陆贾《新语》中有《无为》篇，批评秦代法令繁苛、刑罚酷虐的缺点，主张行宽大政策。

这样看来，黄老之学仍然是道家言，到了神仙修炼，就不是本来的道家言而是道家的变种了。

杂家书前曾说过《吕氏春秋》（毕沅校本好）及《淮南子》（刘文典《淮南鸿烈集解》可看）两种，东汉初年大哲学家王充所著的《论衡》，后人也将它列入杂家，这部书非常重要，下节另加说明。

王充之学

王充哲学属于道家一派，他的《论衡》一书即根据道家自然主义的观点来批评当时一般人的迷信。他驳斥阴阳家天人感应、灾异示警的学说，认为人死后没有灵魂，祸福是人自己所造成，不是鬼神主使的。他对于历史的见解是今优于古的进化观，反对一般人贵古贱今的观念。

王充的方法论颇符合科学，他立论必根据事实、证据，再以心意诠订之，是感性认识与理性认识的统一。

他的人性论，认为人性有善有恶，但可随环境而变迁，所以要注重教育。

他在《非韩》篇非难韩非，在《问孔》及《刺孟》篇，说明孔子、孟子的学说里也有矛盾，在《说天》及《说日》篇，非难邹衍及天文家的学说。他对于《论语》里面孔子教子贡去“食”存“信”一点，提出反对的意见道：“让生于有余，争生于不足。今言去食，信安有成？……夫去信存食，虽不欲信，信自生矣；去食存信，虽欲为信，信不立矣。”

自孔子成为偶像以来，数千年来，没有人敢公开批驳孔子的议论，只除了王充和明朝的李卓吾两人。

李卓吾的书曾被人焚烧，王充的书幸获保存，这又可见汉代虽尊崇六经为官学，民间的学术思想仍然自由，宋明以来，儒家的思想专制方才变本加厉。

清代研究诸子的风气渐开，乃在参证经义的大题目下进行的，并不敢阐扬诸家绝学，与儒家分庭抗礼。因此王充之学特别值得注意。

《论衡·说日》篇说："日之长短，不以阴阳……夏时日在东井，冬时日在牵牛。牵牛去极远，故日道短；东井近极，故日道长。"又说："云雾，雨之征也。夏则为露，冬则为霜，温则为雨，寒则为雪。雨露冻凝者，皆由地发，不从天降也。"这又可见王充有丰富的自然科学知识与严谨的科学精神，与充满术数观念的阴阳家及今文派儒家比较，真不知进步了多少！

可是王充也有一个大缺点，就是认为个人的贵贱祸福，国家的盛衰治乱，都由命中预定，人力不能改变它。这仍是受了时代的限制，免不了世俗之见。

魏晋时代的玄学

三国六朝时代，儒家经学衰微，拘牵文字，不讲大义，道家思想于是占了支配地位。当时的人称道家之学为玄学，称《老子》《庄子》《周易》为三玄。

《周易》（《易经》）虽是儒家经典，但经老庄派学者的注解，也道家化了。当时注解老庄的极多，差不多可以和儒家经传的注疏相颉颃。其中以何晏、王弼为代表，何晏的著作为《老子道德论》及《论语集解》，王弼的著作为《易注》及《老子注》。此外郭象的《庄子注》有许多独到的见解。

何晏、王弼等的思想是继承庄子而不是继承老子的，以虚无寂灭、超脱现实为主。在此等思想影响下，产生了阮籍、嵇康、刘伶等的"清谈派"。

阮籍著《达庄论》，阐明"万物一体"的学说，又作《大人先生传》，攻击"君子之礼法"。

嵇康作《释私论》，指明"君子不以是非为念，但虚心率性而行，自然不违道"。

刘伶作《酒德颂》，表现一种放荡不羁的人生观。

当时有人伪托列御寇所作的《列子》，内有《杨朱》篇，也是说，只有快乐享受是人生之目的及意义所在（张湛作《列子注》，人们怀疑《列子》

就是他编撰的）。此等哲学思想，表面上是乐观的，实际上是悲观厌世、消极颓废。

由清谈派再发展下去，便成葛洪一派的神仙修炼之术（《抱朴子》），这是逃避现实的最后归宿。

就玄学时代的著作讲，以郭象的《庄子注》为最有价值，因其对于庄子的自然主义与神秘主义都能充分发挥。

郭象说无不能生有，天地万物都是“块然而自生”，即所谓“独化”之理。又说天地万物，“彼我相与为唇齿”“凡所有者，不可一日而相无也”。又说：“治乱成败，遇与不遇，非人为也，皆自然耳。”“承百代之流而会乎当今之变，其弊至于斯者，非禹也，故曰天下耳。”这就是说，一件事的产生，乃整个客观环境所造成，不是一二特殊人物所能独创的。又说万物彼我“相反而不可以相无”，似乎就是说明对立的统一。他又说：“天地万物，无时而不移。”讲到社会制度，则说“夫礼义，当其时而用之，则西施也，时过而不弃，则丑人也”。讲到人性，则说“人性有变，古今不同也”。这些见解都很透彻。

至于神秘主义，就是所谓“至人”或“圣人”人格的解释，那就是忘彼我，统小大，齐死生，同是非，泯除一切差别的观念，俯仰万机，而淡然自若，所以章太炎说郭象承何晏“圣人无情”之说来解《庄子》，在他的笔下，“圣人竟是木头一般”。

子学之兴起与消沉

中国学术精华，全在周秦诸子，不但哲学思想高深微妙，远过于后世儒家（章太炎说宋明理学不如佛学的精微，但周秦诸子则包含了那样精微的哲理。冯友兰说理学是哲学之哲学，古代只有公孙龙子讲求这种纯理的学问。人们见解虽然像这样的不一致，但无论如何，不能不说周秦是中国哲学思想最发达的时期），即社会科学与自然科学也都在那时萌芽了（如法家的政治学，名、墨、儒、法各家的逻辑学，墨家、阴阳家的数学，阴阳家的天文学，兵家、墨家的军事学等）。

诸子时代的学风有最可注意的数点，就是（一）有创造性，不相抄袭；（二）为专家之学，易于求精；（三）后学阐扬前哲，不为旧说所限，易于进步；（四）各派互相驳辩，思想日益精密。

但当时何以发生这种百家争鸣的学风？那就以社会剧激变化为主要原因。

春秋战国时代，铁制农器已普遍使用，农业、手工业骤行发达，商业因而产生，大商人如弦高、计然、范蠡、吕不韦等人，不但富超王侯，而且操纵政治，但旧时贵族，反而有很多没落起来的，因此新兴豪强希望有中央集权政治的出现，结束纷争割据的局面，以便利商工的发展，而旧时贵族，则希望恢复封建初期大小诸侯和平共居的局面，因此形成新旧思想的对立。

同时各封建诸侯国，因地利的不同，经济发展又不平衡（如齐有鱼盐之利，用国营方法而致富强；秦用商鞅的农战政策，开荒垦殖，普遍施行军事训练），造成了加紧兼并弱小的趋势。

到后来七雄并立，斗争的规模更扩大，也更激烈，大家都想吸收人才来帮助自己，所以提倡讲学，奖进文化，已成了列国通行的政策。当时文化中心，如齐国的稷下等地为人文荟萃之所，对于学术研究的鼓励是相当大的。其次，就是知识的逐渐普及。因为过去知识全由封建贵族所垄断（所以《汉书·艺文志》说，诸子出于王官），由于贵族的没落，将知识带到民众中间去传播（如孔子在民间讲学），产生了许多新的知识分子。加以社会交通的频繁，首先是通商与外交的往来增多，打破了封建初期移徙住居的限制，使文人策士，也能自由奔走游说于各国，收互相观摩、互相促进的效果。

诸子学说，无不为了"救时之敝"（《淮南子》），不过因其地位的不同、见解的各异，而造成种种不同的方案罢了。如墨家、法家以及儒家的荀子等，都是主张建立新的中央集权制的；如老子，是主张恢复旧时"小国寡民，民至老死不相往来"的状态的；如孔子，是主张当时霸主实行尊王攘夷政策来恢复并巩固封建旧秩序的。

总而言之，他们对于当时现状都不满意，主张改良或变革一下。然而假使仅有纷争的局面，而没有新兴进步的社会层，如五胡十六国或五代十国的局面，那种活泼进取的现象也不会产生。因此，我们从诸子学之所以盛，可以推论到诸子学之所以衰的道理。

秦汉大一统之后，历代帝王尊重儒术，以利禄为提倡经学的工具，造成诸子百家的消沉，这自然是一个重要原因。

但如三国六朝时代，儒学本身也很消沉，而结果仍然没有学术隆盛的气象。这因为社会生产力的停滞，社会阶层并没有新的发展的缘故。

在秦汉之间，商业虽一度发展，但因生产方式没有进步，政府又厉行抑商政策，商业终于没有大的发展。到六朝以来，社会经济虽然略有进步，而进步很小，生产方式大体仍然和两千年前差不多，和我们接触的异民族，始终是一些文化较低的游牧部落，所以直到近世与西洋各国交通以前，学术思想再没有重振的可能。

周秦时代过去以后，只有后汉王充是一个特异的思想家，魏晋玄学不过使道家思想走向庸俗化，并没有什么成就。

自此以后，诸子学已成绝响，直到清代，才有人研究它，但这都限于训诂、考订、校勘，并没有注意到义理的发挥。

今后整理国学，对于清代人所谓诸子学不能不有所改变：第一，诸子学不能成为一种科目，应当归属于中国哲学史，更确切点说，是中国古代哲学史，或古代思想；第二，应当注意义理的探讨及时代背景的研究。

至于从旧的传统中寻出创造民族新文化的基础，那自然也是题中应有之义，但不是初步工作所能办到罢了。

第八章 佛学

初期的佛教

“佛”是佛陀（Buddha）的省称，原义是“大觉”，兼有自觉及觉他的意义。

在印度，从来一切觉者通称为佛，到释迦牟尼出生，集过去一切佛的大成，为未来一切佛所宗仰，于是成为佛教的教祖。

印度有四大门阀，第一等为婆罗门族，即僧侣，第二等为王族，第三等为农商，第四等为贱族。

释迦出身于王族，反对婆罗门教，认为外道，佛教于是成立。

释迦为族姓名，牟尼为出家后之字。释迦约于公元前五六二至前五五二年间降生于印度之迦毗罗卫国，为净饭王的太子，曾纳三妃，生一子，但太子在青年时期，即悟到尘世苦恼，有解脱思想。年十九，出家修苦行，至三十五岁成道，到处说法传道，享寿八十而卒。

释迦弟子很多，最著名的是舍利弗、目犍连、大迦叶、阿那律、须菩提、富楼那、迦旃延、优波离、罗睺罗、阿难陀十大弟子。

佛灭度后百年，佛徒内部相争，分东西二派。当佛生时及其灭度后二百年间，佛教传播区域，还不出恒河流域以外。当时信徒多系商业的富人、与商业发生关系的王族，及婆罗门的脱落分子。

大约在公元前三五〇年至公元一五〇年（中国东周显王十九年至东汉桓帝和平元年）之间，是原始佛教思想生长之期。当时印度社会，大体上是奴隶制向封建制过渡的时期。代表此期佛教思想的经典是《阿含经》。

《阿含经》所表现的思想颇复杂，除解脱哲学外，还夹杂有万有灵魂论、图腾主义、祖先崇拜等原始的宗教要素。

就其解脱哲学看来：第一，是认定生存为苦恼（无常观），力求解脱，而争取"无老无死无愁忧戚无秽污无上安稳涅槃"（涅槃译言圆寂，即永寂不动的精神境界）；第二，是注重宗教的实践，而非难形而上学的思辨；第三，是以"诸行无常，诸法无我"（一切生存的事物都随时生灭变迁，没有永恒性，而永恒存在的实体我，也是没有的），"因爱生苦"（爱即要求我的永恒之欲望），"无我（无爱）即无苦"为根本思想；第四，是以为"老死"的苦恼有一系列的条件（十二因缘），而最后为"无明"（无知之意，指不明白佛理），佛教主旨在于断灭无明，解脱烦恼，而到达于无上安稳的涅槃；第五，所谓"诸法无我"，是说现实的我之中并没有常一主宰的我（灵魂），必须死后进入涅槃（脱离轮回，不再投胎为人或变别的东西），然后才能到达于我的永远的生存；第六，有时又说"一切诸法均为实有"（"法"包括事物或思想等一切存在而言）。

综上数点，可知原始佛教思想是主观唯心论（认定精神的我可以永存），同时又掺杂了物心二元论（诸法也为实有）的成分。

佛教的中国化

佛教到阿育王在位时，渐渐传播到印度以外，如缅甸、锡兰、阿富汗等地，阿育王以后三四百年，佛教渐盛行于上述各地及中国，而印度内地反衰。

当公元二三世纪之间，龙树比丘倡诸法皆空之说，为大乘空教之祖。四五世纪之间，无著及其弟子先后阐扬大乘佛法，而创唯识宗。六七世纪之间，陈那革新因明学（佛教逻辑学），护法著《成唯识论》以发展无著、世亲的教义，其弟子戒贤继承之，而和他们对抗的则有继承龙树理论的法辨及其弟子智光。

唐时中国玄奘大师到西域，对以上两派理论都有研究。同时到中国传佛教的，有菩提达摩、真谛、达摩笈多、法藏（贤首大师）等。

公元八世纪，印度佛教渐衰，其时来中国传教的，有善无畏、金刚智、不空、实义难陀等，而中国义净法师游印度，留滞南海诸国，回国后颇有译述。

佛教东移，分两条道路，一条是北方路线，经新疆一带入中国，一条是南方路线，由印度、缅甸、暹罗、安南等地入中国。后来又由中国传到朝鲜、日本。

中国输入佛教在东汉明帝时。公元六十五年，明帝遣使到印度求佛经，结果得了佛像经卷，并和迦叶摩腾同回，自此二三百年间，印度及西域佛教家，到中国学汉文、传教、翻译的很不少。自南北朝以至隋唐五代，佛教思想支配了中国学术界，当时第一流的思想家都是佛学家。

当南北朝对立的时期，北方少数民族政权颇利用佛教以对抗南朝，于是中国儒者与道家曾有联合反佛的运动，如梁朝范缜著《神灭论》（论人死后没有灵魂），刘勰著《灭惑论》，宋代顾欢著《夷夏论》，曾引起佛教徒的许多驳辩（载于《弘明集》及《广弘明集》）。

另一方面，一般学佛的人，又多半用老、庄、《周易》的思想来说明佛教教理，即所谓以外典（非佛教的经典）释内典（佛教的经典），名叫“格义”。

“格义”是佛教中国化的开始。凡一民族接收外来的文化，常常拿固有的民族文化做基础，这就是佛教所以中国化的理由。

中国人讲佛学时所加入的中国思想倾向，大致有几点：

（一）中国古代哲学，都以为吾人主观之外，实有客观的外界，但佛学则说外界虚妄不实（空），中国人以为这说太怪，所以讲佛学者多半将佛学所谓“空”另加一番解释，使外界为“不真空”。

（二）中国儒家主张在“自强不息”之中，求人格的最高境界，即使富于出世色彩的庄子，也不以全然不活动的人为理想中的真人、至人，因此中国人对于佛之境界，也认为并非永寂不动，佛虽“不为世染”，而亦“不为寂滞”，所谓“寂而恒照，照而恒寂”。

（三）因印度门阀的等级很严，故佛学中说有一种人没有佛性，但中国人却说“人皆可以为尧舜”，所以讲佛学时，认为人人都有佛性。又佛教中有轮回之说，认为今生修行的成就可做来世修行的根基，如此历劫修行，积渐始能成佛。但中国人却说即在此生中可以“顿悟成佛”。

以上数种倾向，在印度佛徒中也可能有，但中国人则特别加以发挥，如前所述龙树一派“诸法皆空”的原理，中国人因其近于老庄，颇容易接受，至于无著、世亲的万法唯识论，就和中国思想不大接近，引不起很深的兴趣。

佛教中国化的发展，后来竟产生了禅宗、天台宗、华严宗等几个特殊的宗派。

流传中国诸宗派

中国接受佛教思想的过程，可分三个阶段：第一阶段是东汉至魏晋，以纯粹翻译为中心；第二阶段是六朝时代，以“格义”的理解为中心；第三阶段是隋唐时代，这时印度旧有佛教各宗在中国既有新的发展，中国自身也建立了新宗，而形成中国特有的独创的佛教哲学。兹将隋唐前后佛教各宗在中国发展的情形，列一简表于下：

宗派	印度远祖	中国完成时代及完成或开创者	中印发展状态比较
毗昙宗	马鸣、坚慧、龙树	陈·杜顺	在印度为独立宗派，在中国六朝而后，即行衰落
俱舍宗	世亲	唐·玄奘	在印度为独立宗派，在中国研究亦盛，但仅足供他派参考
成实宗	诃梨跋摩	东晋·鸠摩罗什	在印度为独立宗派，在中国研究亦盛，但仅足供他派参考
三论宗	龙树、提婆	隋·吉藏嘉祥	印度有而不盛，中国极盛
四论宗	龙树、提婆		在印度为独立宗派，在中国转化为天台
禅　宗		唐·慧能	印度所无，中国独创，极盛
涅槃宗	世亲		印度为独立宗派，在中国转化为天台

续表

宗派	印度远祖	中国完成时代及完成或开创者	中印发展状态比较
天台宗		隋・智𫖮智者	印度所无，中国独创，极盛
地论宗	世亲		印度为独立宗派，在中国转化为华严
华严宗		唐・法藏贤首	印度所无，中国独创，极盛
摄论宗	无著、世亲		印度为独立宗派，在中国合并于法相
法相宗	无著、世亲	唐・玄奘、窥基	印度、中国均极盛
净土宗	马鸣、龙树、世亲	唐・善导	印度极盛，中国次盛
戒律宗	昙无德	唐・道宣	印度极盛，中国次盛
密　宗	龙树、龙智	唐・善无畏、金刚智	印度极盛，中国甚微

上表中十五宗派，其中四论、涅槃、地论、摄论四宗，在印度本是独立大宗，在中国就丧失了独立地位；毗昙宗只盛行于六朝之前；隋唐为中国佛学成熟期，当时流传中国的宗派只其余十宗而已，而十宗之中，俱舍、成实二宗的地位，比较次要，因其仅足供他派参考。

小乘诸宗

佛教的修行分声闻乘（闻者或弟子闻佛陀之声而决心修行，以自利为主，期得阿罗汉之果）、缘觉乘（亦称独觉乘，乃指不受教，以独悟进入解脱而言）及菩萨乘（以智上求佛道，用悲下救众生，自利而兼利他，以利他为主，期得佛陀之果）。

小乘佛教以前二乘为主，尤其以声闻乘为主。大乘则以后一乘为主。

小乘与大乘的形成，是由于公元前一百年左右，原始佛教分裂成为上座部与大众部两个系统，上座部系统是小乘佛教，大众部系统是大乘佛教。

所谓小乘佛教的名称，乃是由于大乘佛教以其教理浮浅所加的名称（乘是车子，有载道之意）。

就哲学上看，小乘、大乘同是解脱哲学，不过小乘大体上是以心物二元论为基础，故以我为空而法为有，但大乘则站在主观唯心论的立场，认为我法皆空。

中国属于小乘佛教的宗派有毗昙、俱舍、成实三宗。

毗昙宗的思想是心物二元论，俱舍宗是不彻底的唯心论，成实宗是绝对唯心论。

毗昙宗所依据的典籍为《四阿含》《十诵律》《六足论》《发智论》以

及《大毗婆娑论》（佛教典籍分经、律、论三种，总名三藏，律是讲戒律的，论是解经的，经与论，犹如儒家的经与传一样，毗婆娑是解释论的，又译作广论，中国佛学家解释论的著作，称为疏或记）。

俱舍宗的主要典籍是世亲所著的《阿毗达摩俱舍论》（意译是《对法藏论》），相传世亲原属毗昙宗，因不满意于该宗“一切诸法均为实有”之说，乃另立一宗，所以俱舍宗可看作毗昙的修正派。

成实宗的创始者诃梨跋摩，原来也信仰毗昙宗，后来因不满意诸法实有的命题，同时对于俱舍宗的承认心法、色法（心法即各种心理现象，色法即视觉、听觉、嗅觉、味觉、触觉所依的五根，及其对象五境，如颜色、声音等）为实有的主张，也认为不彻底，乃作《成实论》一书，阐明“一切万有皆为空虚”的理论。此宗与大乘接近。

传自印度的大乘诸宗

大乘诸宗，从印度流传中国者，为三论宗、法相宗、净土宗、戒律宗及密宗。

（一）三论宗所直接依据的典籍，是龙树著的《中论》《十二门论》及龙树弟子提婆所著的《百论》，此三论在六朝时由鸠摩罗什译成中文，隋代嘉祥大师作疏，自是以后，三论宗乃盛行。三论的主要内容，是一面批评外道（不知法我二空之理的叫外道）及小乘（毗昙知我空，不知法空，俱舍法空仍不彻底，成实已明二空，而照犹未尽），一面阐明大乘正义，即“空”的原理。此宗思想，导源于般若部诸经。

（二）法相宗又名唯识宗，所依典籍有六经十一部论，而以《解深密经》《瑜伽论》《唯识三十论》为最重要，此宗中国人著述，则以玄奘的《成唯识论》、窥基的《成唯识论述记》及《因明大疏》为代表。此宗教义，就是主张宇宙万有，均为心之所变，而以站在自我人格背后的“阿赖耶识”（分识为八：眼、耳、鼻、舌、身、意、末那、阿赖耶。第七识时时思量有个我在，即执第八识为我）为显现万有的心的本体，本质上不外是纯粹的主观唯心论（说明方式与西洋的主观唯心论稍有差别，西洋的主观唯心论，认为一切外物都是感觉印象的集合，但唯识论却承认器世间在前六识感觉经验之外，而仍在第八识之中，不离识而存在）。

（三）戒律宗，即律宗。佛教信徒所遵守的戒条，叫作戒律。戒律的解释因宗派而不同，但是一般所谓律宗的律，多系指小乘的戒律说的。这种戒律完全译成中文的有《十诵律》《四分律》《僧祇律》《五分律》四种，而以《四分律》最为通行。《四分律》又分成了三派，其代表人物是：一、终南山的道宣律师；二、相州日光寺的法砺律师；三、洛阳西太原寺的怀素律师。以道宣派为最占势力，号称南山宗。道宣援引法相宗的教理来解释《四分律》，故该宗在哲学上无独立的意义。

（四）净土宗，因教人信奉念佛法门，发菩提心，往生极乐世界，清净佛土，故名。念佛缘因出于《起信论》，后来龙树、世亲也论到过念佛。中国开宗，起于东晋慧远，他曾在庐山结莲社。魏时昙鸾继之，学长生于印度来华僧人菩提留支，留支授以净土教义。唐时道绰及善导又继续昙鸾，提倡专修净土法门。此宗哲学上也属于主观唯心论，而宗教性更浓厚，其主张念佛，系认为先验的虔诚，即菩提心的"称念"可以解脱罪恶，往生净土。重要经典为《无量寿经》《阿弥陀经》《观无量寿经》，称为"净土三经"。中国人的著作有昙鸾的《往生论注》、道绰的《安乐集》及善导的《观无量寿经疏》等。

（五）密宗，又称真言宗，唐开元后始传入中国。此宗原分《大日经》与《金刚顶经》两派。《大日经》派善无畏东来，传道于中国一行禅师。《金刚顶经》派有印度人金刚智及不空两师弟来华，后传至惠果，即将两派合而为一。此宗行道作法，灌顶传授，过于神秘离奇，明朝特申禁令，不许传授，后来只有日本尚传此宗。哲学上此宗也属于唯心论，它认定主观与客观，心与物，是一体的，不但众生均具佛性，就是我们的肉体手足也是佛陀的肉体手足。

中国独创的大乘诸宗

（一）天台宗，萌芽于北齐朝，其时有慧文大师读龙树《中论》有所感悟，立“一心三观”法门，传授给南岳慧思禅师，慧思又传天台智者大师。智者大师名智顗，隋朝人，诵《妙法莲华经》而得法华三昧（三昧是奥妙的意思），著《法华玄义》《法华文句》《摩诃止观》三书，为天台一宗之祖。其弟子章安大师著有《涅槃经疏》，唐代的湛然也有重要著作。又有《大乘止观法门》一书，不知何人作，颇足代表此宗哲学。此宗大致是以三论宗、四论宗及涅槃宗所根据的理论及龙树的《大智度论》为主，而以《法华经》为本经，对于《大品般若经》亦引用《法华经》解释之，故又称“法华宗”。天台宗说自性本具善恶等法，方能造十界因果。他宗专主性善，此宗兼主性恶，是与他宗大不同处。

（二）华严宗，又名贤首宗，创始者系杜顺禅师，中间经过智俨，至法藏（贤首大师）而达于完成。其后有四祖澄观（清凉大师），五祖宗密。宗密原属禅宗，后来改宗华严，称圭峰禅师。此宗经典以《华严经》为主，并依据世亲的《十地论》。著作以杜顺的《法界观》，智俨的《搜玄记》，法藏的《华严探玄记》《金狮子章》《大乘起信论义记》，澄观的《华严疏钞》，宗密的《原人论》等为最重要。该宗立一恒常不变之真心为一切现象之根本，其说为一种客观的唯心论（天台宗也相类似），与法相宗的主观唯心论不同，所以法藏判法相宗为始（始即初步的意思）教，又于所著《十二门论宗致义记》及《大乘起信论义记》等书反驳法相教义。

（三）禅宗，禅即梵语“禅那”的音译，其意义为坐禅或静虑。该宗传述的历史，说此宗直接受释迦佛的心传，“以心传心，不立文字”，至第十二祖菩提达摩传入中国（在梁武帝时），是为中华初祖。传至五祖弘忍，分为南北二宗，北宗以神秀为六祖，南宗以慧能为六祖。南宗更强调顿悟成佛的修行方法，加之慧能弟子神会，以其所学攻击北宗，结果倾动一时，南宗乃为禅宗的正统。禅宗不立文字，著作很少，今所传者有《六祖坛经》、敦煌本《神会语录》，及慧能之弟子石头希迁所著《参同契》（仅二百余字）一篇。禅宗修行，以“无念”为主，所根据的教义仍是大乘法相教等，不过禅宗注重实行，不大谈宇宙论。此宗唐以后更盛行，因中国思想统系和它接近之故。

佛学与儒学

六朝时代，学佛者多援引儒、道两家经典解释佛经，同时反佛者则强调儒、道思想与佛家思想的对立。

前已说过，这种相迎相拒的情形到唐朝还是继续着，不过稍有一些变动，就是在哲学上，佛学已经掌握了思想界的支配权，儒家虽然在政治及伦理方面排佛，但在哲学思想上，自觉或不自觉地受了佛家的影响，甚至于暗用佛学来解释儒经。至于道家哲学则早已不为人们所注意，当时所流传的只是后汉张道陵所创的道教及葛洪的修仙之术，不外乎宗教迷信而已。

当时排佛的学者有韩愈及李翱。韩愈思想，表现于《原道》《原性》《原人》《谏迎佛骨表》《与孟尚书书》等文字中，其阐扬仁义道德，推崇孟子，引用《大学》，提倡道统诸点，形成了宋儒思想的先驱，但其辟佛论据，不过严夷夏之防的旧套，并没有哲学的意味。李翱思想可以他的《复性书》三篇为代表。

韩愈及李翱的人性论都系以性为先验范畴。而“性善情恶”说，尤其显然是出于佛家思想。韩、李所谓性，等于佛教所谓“本心”——唯识家所谓“慧”，其所谓“情”，则等于佛教所谓“无明烦恼”——唯识家所谓“智”。李氏所谓“灭情复性”，等于佛教断灭无明烦恼求返本心，或存慧去智的主张，所以章太炎说他们实际上相信佛理，可是表面上不肯承认。

唐朝另有两个思想家，柳宗元与吕才，比较有独到的见解。《柳宗元文集》中所载《送元十八山人南游序》《天说》《封建论》《曹溪第六祖赐谥大鉴禅师碑》《南岳大明寺律和尚碑》《送僧浩初序》等文，可为其思想的代表。柳氏驳斥宗教神话，反对君权神授说，近于无神论与唯物论，但另一方面，又认为佛道与孔子之道相合，而成了佛教唯心论的“应声虫”。吕才也是一个无神论者，他无著作传世，仅《旧唐书》本传中有些断片，但由于他那种对迷信神秘思想的反驳，产生在佛教唯心论的支配时期，使我们感到他的思想特别出众。

佛教徒方面有一个宗密，对于佛教各宗思想及儒、佛两家思想的比较颇有研究，他把他的研究结果写成了《原人论》，这论中有许多见解，又给予宋儒以影响。

宗密首先指儒、道两家的万物自然变化论为“迷执”，说它不能解释人何以秉无知之气而有知的缘故。其次分佛教思想为五等，由浅而深：（一）人天教——讲业执及持戒生天（免再堕尘世），但未能说出造业的是谁，受报的是谁。（二）小乘教——以色、心二法为世界人生之大本，即心物二元论，此宗说世界经成、住、坏、空四劫，周而复始，宗密将它比附儒、道两家学说。后来邵雍、朱熹等儒者的宇宙发生论，又受了宗密的暗示。（三）大乘法相教，即唯识宗，此宗所立之阿赖耶识，永不间断，比小乘教所说的心（思虑之心，可间断）进了一步。（四）大乘破相教，此宗即大乘空宗，认唯识之识亦是虚妄。以上四宗，宗密都认为“偏浅”。（五）一乘显性教，宗密认为此宗才算佛教了义。此宗系大乘性宗，以本觉真心为一切根本，即天台、华严所讲。

宗密又以为儒、道及佛教中前四宗所持的见解，也都是真理的一部分，又立《会通本末》一章于《原人论》中把它们综合起来。其中以“心”与“气”对举，似乎是程、朱理气二元论的根据，又说“气亦心之所变”，又似是陆、王“宇宙即是吾心”说的根源（参阅下章）。

因明学

因明是佛教论理学或逻辑，而发生于佛教以前。

印度古时以因明教儿童。释迦幼时，曾从婆罗门受因明学。《解深密经》最能表现他的论理思想。其后有龙树的《方便心论》、无著的《瑜伽师地论》、世亲的《如实论》，都谈到因明学，但仍因袭古法。至陈那出，创三支因明法，比较简明，为后人所遵用。

为什么论理学叫因明呢?

“明”就是学术的意思，讲“立言所因”的学术，就叫“因明”。因明的目的在于宣传教义，驳斥异说，使他人了解。建立正面的主张，叫作“能立”。驳斥反面的主张，叫作“能破”，反面的言论，叫作“似立”及“似破”，表示它似是而非。

又因悟他以自悟为本，而讲现量智与比量智。现量智是不依赖语言文字而直接证知的方式，就是直觉。比量智是依文字语言推论而知。

不正确的直证与推论，叫作“似现”及“似比”。能立的论式分“宗”“因”“喻”三支，与亚里士多德的三段论式相似，兹将两式列下以资比较：

三段论式	大前提（同喻体）	凡碳素物皆可燃
	小前提（因）	金刚石是碳素物
	结论（宗）	故金刚石可燃

因明论式	宗（结论）	金刚石可燃
	因（小前提）	碳素物故
	喻：若碳素物，见彼可燃（同喻体） 如薪油等（同喻依） 若不可燃，见非碳素物（异喻体） 如冰雪等（异喻依）	

因明将断案（结论）放在前面，兼为立言之规则，因为要向他人宣传教义，就得首先提出主张的内容，然后加以证明。

三段论法为纯粹演绎法，因明包含了归纳法，因为“同喻体”之下还有“同喻依”为实证，还有“异喻体”及“异喻依”来帮助。

唯识论中的心理学

现代佛学家常说佛学包含心理学，如如来藏宗的心理学，即《楞伽经》与《大乘起信论》所讲的，以一心分为“真如”“生灭”二门。真如是真心，即如来藏心之实体，是不生不灭、不增不减，无有差别的。生灭之心，有差别相，差别由妄念而生。若离妄念，而观“无念”，则仍为真如。真如生灭，本非二物，由觉、不觉而生分别。

又如般若宗的心理学，即天台宗所讲的“一心三观”法门。三观是空观、假观、中观：空观破见思惑，证一切智，成般若德；假观破尘沙惑，证道种智，成解脱德；中观破无明惑，证一切种智，成法身德。总之此宗对心理现象不重分析，但说一切心行俱是虚妄。

只有法相宗的心理学，对心理现象分析很详，和内省派心理学确实相似。

按照唯识论的分析，心法有八种：一、眼识，二、耳识，三、鼻识，四、舌识，五、身识，六、意识，七、末那识，八、阿赖耶识。

前五识是依眼、耳、鼻、舌或身发生出来的知识。

至第六识，与普通心理学所谓意识略同。此种意识又分两种：一、独头意识，乃于离开五官感觉之后单独构成，略似心理学所说的“想象”；二、同时意识，乃依前五识之一或多与第六识同起作用。

人类平常能觉察到的识，多半是第六识，如各种思想、感情等心理作用，这都是第六识的功用。但要了别色、声、香、味、触五尘境，非同时意识不可。

第七识名末那，末那是梵语“意”，此即意识（第六识）的根，犹如眼、耳等为前五识之根一样。末那又即“恒审思量”的意义。“恒”是经常不断，“审”是决定不惑。

第七识经常执第八识为“我”，因而发生我贪、我痴、我见、我慢（我慢是唯我至上）的“四惑”，要去惑须从第六识用功，消灭我执。

第八识名阿赖耶，意义是“藏”。此识能将各种经验保藏无失，遇有机缘，即可复现，通常所有记忆想象的功能，就亏了有保藏作用的第八识才发生的。

第八识不但能知，而且能变，有情（有情即动物）生命本身即第八识，此第八识内变根身（生命本身），外变器界（器界是根身所依止之处，即本身之表面形躯，器界又指前六识镜像所依之本质，即山河、大地等器世间，亦即康德所称“物自体”）。器世界山河、大地，除各人各动物之身外，纯粹是各个有情第八识所共变。

这样，客观世界虽在同时六识之外，但仍在第八识之中，不离识而存在。所以说“万法唯识”。又，各识各有“相分”“见分”的分别。相分是所知的对象，见分是能知的作用。

根身器界乃第八识相分，依此相分同时即有了知相分之见分，即“第八识见”。前面说第七识取第八识执为“自我”，即取“第八识见”执为自我。至第七识我执破除时，第八识方得舍弃藏识的名称，转成大圆镜智。

前讲第八识变，其实是指依八识中所藏的种子（各种的潜能或潜势力）而变。个人虽死，世界虽灭，一切法之种子，仍可保持不失而继续存在。各人心识死时似断，其实仍不断，但在平常经验未易见到，须经戒、定、慧破脱了无明，得无分别智极显明之智慧才能见到云。

由此看来，佛教心理学颇为神秘，并不是和普通心理学相同的东西。

现时佛学的趋势

据太虚大师说，中国近千年来的佛学，大致可分两派，一派注重实践，包括净土宗、禅宗、密宗；一派注重理论，包括天台宗、贤首宗、法相唯识宗。

近年来中国佛法有昌明气象，于此气象中重新兴起的有密宗及唯识宗两派。

密宗在中国唐时颇盛行，唐以后失传而盛行于日本，近年世界交通，学者复由日本传归，叫作东密。又有由西藏、内蒙古之喇嘛传来的，叫作藏密。他们所学所宗的同是佛菩萨的三密真言。

唯识宗在唐时最盛，以后渐衰，因唐疏失传，无可依据，清末佛学家杨仁山氏由日本取回唐疏多种，如《唯识述记》等，此学于是复兴（讲因明学的唐疏也曾失传，也是由日本取回的）。

近今了解西洋哲学的佛学家，因为唯识论理论精密，颇足以与西洋唯心论抗衡，所以特别重视，如章太炎、太虚法师等，都是根据唯识学说阐扬佛法的。他们甚至认为唯识论超过了西洋哲学，即章太炎说，西洋唯心论虽精，而仅有比量，不能实证，自不能比拟佛法。

太炎又说，真如心非宋明理学家所能见，佛法奥妙，只周秦九流说过一些。他仍以为研究佛法，需有儒学的帮助才能免于猖狂。吕思勉则说，首先要懂得西洋哲学，然后研究佛学，才能免于堕入迷信。

第九章 理学

宋明理学的产生

上章说过，隋唐时佛家思想的勃兴，使儒家也受了影响，如韩愈、李翱等，一方面吸收了佛家理论，另一方面又要辟佛，这就是产生新儒学的先声。

新儒学即在宋代开始建立的理学，它的特点是吸收佛家、道家的思想成分而发扬儒家的伦理思想与政治哲学。

理学所吸收的佛、道两家思想，特别是运用在宇宙论与心性论方面，而这两方面又老早是儒、释、道三家混合的所在。如晋王弼拿道家的道理来解释《易经》——道教是阴阳家假托道家之名而创造的——也拿儒家一部分的经典，主要的是《易经》，附会于道家的学说（在《老子》一书中，只附会少数的语句如“深根固蒂”“长生久视之道”等）。佛教中的“格义”，是拿《老》《庄》及《周易》去解释佛经。这些混合的现象，造成了宋明理学的前提条件，而宋明理学则是将儒、释、道三家思想贯通之处整理成一体系。

宋明理学产生的另一前提，就是汉唐训诂注疏之学烦琐无味，已经为有思想的儒者所厌弃。他们既然厌弃训诂，就不得不另找革新学术的途径。

宋代有学问的人物，如范仲淹、欧阳修、司马光、苏轼、王安石等都是留心政治，拿经史的义理来配合实际问题的。

当时学者又有自命不凡的气概，动辄要继承孔孟，讲内圣外王之学。尤其是宋初有胡安定、孙明复、石守道三位学者，讲求经世致用之学，开辟了一代学风。

安定教人方法，分经义、治事两斋，经义斋是“明体”的，治事斋是“达用”的，这可说是当时的新教育。在这种教育影响之下，出了不少学术人才。

就当时社会背景看，手工业与商业有相当的发展，货币流通的范围相当扩大，南宋时甚至使用纸币。在这一经济活跃的状况之下，民间文化颇为发达，如印刷术的完成，书籍数量的增加，官学之外又有民间自由讲学的书院设立于各地。自然科学方面，除印刷术外，指南针及火药的发明，也在宋代。因此，一种新的哲学思想的产生不是偶然的。

这种新的哲学，称为理学，又称为道学。因陆象山说“心即理”，故人们又称陆王一派的理学为“心学”，来和程朱一派的“理学”相区别，而以“道学”作为两派的总名（如冯友兰《中国哲学史》）。也有把“理学”的范围扩大，连周秦诸子之学甚至尧舜禹汤的思想都包括进去，但又和哲学对立起来的（如贾丰臻《中国理学史》）。

我们依照历史的事实看，理学的名词创自宋时，所代表的只是宋明儒家学术，绝不可广泛地应用到诸子思想上去；道学与理学两名词，所指也没有什么广狭。

至于“哲学”一名词，可以应用到各种宇宙观与人生观，乃至谈历史法则，可以称为历史哲学，谈政治原理，可以称为政治哲学，实在包含很广。

所以要说中国的诸子思想及宋明理学，与西洋哲学不一致，是可以的；若说中国只有理学而没有哲学，将理学放在哲学范围以外，是不可以的。

周敦颐与邵雍

周敦颐，字茂叔，道州人，世称濂溪先生，著有《太极图说》及《通书》，是理学的开山祖。

道教经典中本来有《太极先天图》（见于《道藏》中之《上方大洞真元妙经品》），濂溪所根据的大概就是这个，一说是道士陈抟所传授。

濂溪取道士讲修炼的太极图来解释《易经》，成为一种宇宙发生论，他认为宇宙发生是由无极而太极，太极动静而生阴阳五行，阴阳五行化生万物。濂溪由太极宇宙论导出“主静，立人极”的人生哲学，又以“寂然不动”的佛说来解释《中庸》上面的“诚”，主张“无思”“无欲”的修养方法，他在《通书》里面所写的道德论与政治论，即以“诚”为根本原理。

与濂溪同时的大学者邵雍，字尧夫，卒谥康节，世称康节先生，著有《皇极经世书》《观物篇》《伊川击壤集》《渔樵问对》等书，以象数之学著称。

濂溪的太极图，即象学，但濂溪讲象不讲数，康节则兼讲象数。据史书载称，康节象数之学，传自李之才，而之才又得之于陈抟。

康节学说，可分三部分：

（一）先天学，这即唯心论的宇宙观，以为万事万物生于心，心为太极。其所以称为先天学者，系因康节认《易经》卦说所说的八卦方位，是文王的后天八卦，而他自己由道家得来的《先天图》中所表示的八卦方位，是伏羲的先天八卦。除《先天图》外，他还创制了许多图，如《六十四卦次序图》《六十四卦方位圆图》等。他认为天地万物之理，尽在图中。

（二）经世论，即由阴阳五行（实际上已抛弃五行而采取佛家四大种及成、住、坏、空四大劫的思想）而生世运之说，由世运之说而生王霸之分，前已在历史哲学一节中说过。

（三）性说。康节主性善，认为性是无我的，性是物我无差别的境界，能以物观物而不以我观物，以我观物是“情”，情偏而暗，性公而明。

张载及二程

与周、邵同时而略后者，有张载及程颢、程颐兄弟。

张载，字子厚，长安人，世称横渠先生，著有《正蒙》（包括《东铭》《西铭》），《经学理窟》及《易说》，以《正蒙》为最重要。

横渠学说可分几点：

（一）太虚论。这是他的宇宙论，他认为宇宙本体是太虚一元之气，“太虚”又名“太和”，万事万物都由它生，而万物死灭时，仍散为太虚，太虚即气，并不是绝对空虚。横渠的“太虚”包含一与多、有与无的统一性，其发展为万物，也有一定的规律，如“有象斯有对，对必反其为”“物无孤立之理”“动非自外”“两不立则一不可见”“天下之物，无两个有相似者”“金铁有时而腐，山岳有时而摧，凡有形之物即易坏”“无常乃所以为常”等话，都是事物运动转变之法则的说明。他还研究各种自然现象，对于寒暑、潮汐、日食、月食、风雨、雷霆以及动、植物等都有所解释。总之横渠的宇宙观，即气一元论，是唯物的。

（二）性说及天人合一观。横渠讲性，分天地之性与气质之性两种，似乎不知不觉地转入了二元论（但横渠说气有性，则天地之性是指整个气说的，气质之性是指个体说的）。横渠的天人合一观，更是孟子哲学中神秘主义的推演（《西铭》一文，最足以代表这种观念）。如他所谓“为天地立心，为生民立命，为往圣继绝学，为万世开太平”，即天人合一的唯心论。

濂溪、康节、横渠都是理学的开创人物，至河南程氏兄弟，方才使理学确定成立。

程颢比程颐长一岁，世称明道先生。程颐曾居伊水上，世称伊川先生。两兄弟均以濂溪为师，康节为友，又与横渠为戚属。二人著作，后人辑为《二程遗书》，因为从前认为是一家之学，没有加以分别，其实两兄弟思想不同。明道是唯心一元论者，他的学说是陆王一派的先驱；伊川是心物二元论者，他的学说是朱熹哲学的源泉。

程明道学说的要点：

（一）是对于“性”与“仁”的解释，以为万物都受乾元一气而生，有生就有性，性即气，气即性，又以为仁就是元气，就是性，不过性是从元气静的方面看，仁是从元气动的方面看，仁者与天地万物为一体，学者要识得此理，而以诚敬存之。这就是孟子“万物皆备于我”的道理。

（二）是确立了“理”或“天理”在道学上的地位。明道所谓“理”，是宇宙万有的普遍法则，是由主观方面“推”出来的，而属于客观的范畴。程氏的说“理”，与横渠的说“气”，在理学史上都很重要。

（三）是分别了人心和道心。道心是指心的本性，道就是天理，为人欲蒙蔽时，就忘了天理。又以为道心就是元气，修养目的只在去道心的邪恶，故仍是道心一元论。

程伊川思想的特点在于：

（一）理气二元论的宇宙观。即认为阴阳是气，“所以阴阳”的是道，道即理，气是形而下者，道或理是形而上者。

（二）动静、阴阳、善恶等相反又相需的观念。但这个观念不完全是科学的，他有时又说“形”由“心”生，“理”系实体。

（三）格物致知说。这是主知主义的认识论，但也并不完全是科学的主知主义，因为他承认有“生而知之”的先验的认识，又轻视“闻见之知”，说“德性之知，不假见闻”。

（四）知行合一说。这是以知为主的，与王阳明的以行为主不同。阳明是直觉主义，伊川是主知主义。

（五）性即理说。伊川说性即理，所以叫作理性，理性无有不善，但因气有清浊，所以人有贤愚之不齐。因气有清浊，故穷理工夫不可少。穷理就是格物，格物须是一件一件地格，然后有贯通的可能。格物即致知。所致的知，即吾人心中固有之知。所穷的理，即一物一物的理，也即心中的天理。

（六）居敬说。伊川说涵养须用敬，进学则在致知。敬是“主一无适”的意思，即心思专一。伊川的修养方法，居敬与致知并重，与明道的专存诚敬不同。

集宋学大成的朱熹

朱熹，字晦庵，徽州婺源人，父朱松因不附和议逆秦桧意旨，被贬为闽延平尤溪县尉，后罢官居尤溪，生朱熹（因此，宋学中所谓濂、洛、关、闽四大学派，朱为闽派，濂是周敦颐，洛是二程，关是张载）。

朱熹曾在闽、浙、赣一带做知府、知州官，又曾任枢密院编修。他所处的时代，民生困苦，外侮日亟，社会中比较进步的分子则反对和议，并主张改善民生。朱熹就是此中的卓著人物，他曾发表过主战论，又主张限制土地兼并，又创立调剂农村经济的社仓制度。

在他以前，周、邵、程、张并留下了丰富的哲学遗产。二程以后，有谢良佐、杨时、吕大临、胡宏、李侗（延平）、张栻（南轩）继承着讲学。而谢、杨尤为程门二杰。

朱熹受业于李侗又为杨时的弟子，所以他自己说河南程氏两夫子接孔孟之传统，而熹“亦幸私淑而与有闻焉”。

晦庵生平著述很多，达二三十种，最重要的是《大学章句》、《中庸章句》、《论语集注》、《孟子集注》、《诗集传》、《周易本义》、《小学》（这是修身教本，不是文字学）、《近思录》、《通鉴纲目》等，如果要看他的理学思想，须研究其后人的编纂，如《朱子语类》《朱子语录》

《朱子文集》《朱子书节要》等。

晦庵学说大致如以下四点：

（一）理气二元论。晦庵的宇宙论，系以周濂溪的太极图说做骨干，而以康节所讲的数、横渠所说的气，及程氏兄弟所说形上形下及理气的分别融合在内，所以是集以前各理学家的大成。他说凡有形有象的事物是“器”，即所谓“形而下者”。所以为是器之理是“道”，道是“形而上者”。所谓“无极而太极”，即无形而有理。天下之物，无论是天然的，或人为的，都有其所以然之理，而且这个理在物没有产生以前就早已存在。太极是天地万物之理的总和，又是天地万物的最高标准。这个太极又包含在每一事物之中，犹如月映万川，随处而见。理是生物之本（和古希腊哲学中所说的“形式”相当），气是生物之具（和古希腊哲学中的“材料”相当）。人物之生，必禀此理，然后有性，必禀此气，然后有形。如阴阳五行错综不失条绪，便是理。若气不结聚时，理亦无所附着。

（二）理在气先说。他说未有这事，先有这理。理与气本无先后之可言，然必欲推其所从来，则须说先有是理。冯友兰说，理是就逻辑言，为超时空而不变者，如尚未有舟车之时，舟车之理已先在。所谓发明舟车，不过发现舟车之理而依之以做出实际的舟车，即舟车概念之实例而已。这是晦庵学说的精确诠释。

（三）理全气偏说。晦庵所谓理是完全的，但具体的事物所禀受之气，则每每偏而不全。人物之性，即人物所禀之理，理无不善，即性无不善。人物所禀之气，有清有浊，有多有少，有偏有正，有通有塞。得气之正且通者为人，偏且塞者为物（但他又说，以气言之，人与物不异，以理言之，人之性特别高贵）。就人而言，禀气清明者为圣人，浑浊者为愚人，因此他的心性说，是认为性是心之理，理与气合，方才有心之灵明。心又包含情与才，情是心之动，才是心之力，情之流而至于滥者，则为欲。性是天理，即“道心”。欲是人欲，即“人心”，或称为私欲。因此导出他的修养论，即去人欲，存天理。

（四）格物致知说。晦庵的修养方法有两方面：一方面是格物致知，一方面是居敬养心。格物致知，即穷理。穷理之要，必在读书。要能穷究各种事物之理，才能使吾心中之知明朗化（他认为万物之理本已具备在人心中，仍不脱“万物皆备于我”的神秘思想），而去掉人欲的蒙蔽。居敬，只是整齐收敛这身心，不使放纵，并不是要闭目静坐，不接触事物。但他也教人静坐，使心思专一。又说日间所理会而得的，入夜即须涵养。他以为常存个敬在这里，则人欲自然来不得。他论政治，以为三代之治，完全合乎天理，汉唐之治，虽有暗合乎天理之处，而主要是出于人欲之私，这就是王霸的分别。所以治国平天下，也以修养为本。晦庵的格物致知说，主要的意义确如冯友兰所说，是修养方法，不过附带有科学精神在内，因为他认定理在事物中，非穷究则不能明白。他的违反科学处，在于一方面认定万物之理客观存在，另一方面又误认万物之理具备于人心之中，误认圣人可以“生而知之”。所以有些人认为他是心物二元论者，又有些人认为他是唯心论者。但如说他是唯心论者，他的“即物穷理”又不合于唯心论，所以受陆王派的攻击。

陆象山与杨慈湖

与朱晦庵同时而创立一新学派的是陆象山。

象山名九渊，字子静，在十余岁时，即说过“宇宙即吾心，吾心即宇宙”的话。他创“心即理”说，认为穷理不必向事物上去求，只需明白本心的善，所谓格物，只是尽心，吾人做学问，只是除去此心的物欲之蔽，或意见之蔽，而恢复其本体，这就是“先立乎其大者”，就是“知本”。

他的修养方法，就是安坐瞑目，存心养性，求认识自己的本心，本心既得把握，自然明理。

所以朱晦庵是发展了《中庸》上“道、问、学”三字，陆象山则发展了“尊、德、性”三字。

用现在哲学术语说，陆象山之学是主观唯心论，因为他认定宇宙万物都在自己心中。他是注重“思”而不注重“学”的，曾说“六经皆我注脚”。他的著作不多，今存《象山先生全集》三十六卷。

象山曾被人邀请，与朱晦庵会于鹅湖，论辩理学问题，意见多不相合，最后晦庵道：“人各有所见，不如取决于后世。”于是无结果而散。后来和晦庵还通信辩论。

所谓“朱陆异同”，在学术史上成为一重要问题。鹅湖争论的焦点在于为学的程序，晦庵主张首先纵观博览而后归之约，象山则主张先发现本心而后博览，结果朱以陆为太简略空疏，陆以朱为支离琐碎。后来通信讨论的是太极阴阳等问题。晦庵认阴阳为形而下之器，阴阳之理则为形而上之道，象山则认阴阳为道；晦庵认太极是无形的理，故有“无极而太极”的话，象山则说上加“无极”是叠床架屋，宇宙间只有一个理（大约他以为气可包括在理中）。象山又说孔子并非“多学而识之”者，晦庵则说孔子“好古敏求”，未尝不多学，只不过其中有“一以贯之”之处，若只如此空疏杜撰，则虽有“一”而无可“贯”了。

可见朱颇注重归纳法，陆则纯粹演绎法。朱学重经验，陆学重直觉。陆不承认理之外有气，又说心即理，显然是主张唯心一元论。

继续象山学说的有他的门人杨简等。

杨简，号慈湖，著有《己易启蔽》，他的唯心论学说比象山更透彻，他不承认有“道”与“器”的分别，或“形上”与“形下”的分别，说“天地我之天地，变化我之变化，非他物也”，又混入佛教思想，以为一切都由意念转。

杨氏以外，还有袁燮、舒璘等，不及杨氏的重要。

浙东学派

南宋学术除朱陆两派外，还有浙东的事功派，该派反对空谈性命的理学，主张研究经世致用的实学。

浙学又分三派：

（一）金华派，出于吕祖谦（东莱），所著《左氏博议》颇有名，他的学问虽偏于史学方面，也曾研究性理之学，思想近于陆派（重良知及省悟）。

（二）永嘉派，出于陈傅良，而叶适（号水心，永嘉人）继之。水心长于批评古今学术，对于古书正伪和道统之辨，多所考论。他说当时理学派性理太极之说出于《易·系辞》，而《系辞》不一定是孔子作的，恐怕周、张、二程的学说，是接近佛学一些。著有《水心文集》等。

（三）永康派，出于陈亮（字同甫，号龙川，永康人）。他说“为治之道，三代不必尽合天理，汉唐不必尽是人欲”。朱熹说这乃是“义利双行，王霸并用”之说。所谓事功派，以永康、永嘉两派为主。这个学派，又可说是理学的批评派。

宋末至明初之理学

宋朝理学，到朱晦庵，已发展到最高峰，形成一个完备的体系。象山慈湖派，还没有完成一个体系，所以在王阳明之学未产生以前，还不能与朱学对抗，因此宋末至明初，还是朱学占绝对优势的时期。

宋朝继续朱学的，除晦庵门人蔡元定、蔡沈、黄干、陈淳等外，还有私淑（间接继承）朱学的魏了翁及真德秀，但了翁思想是绝对唯心论。

元代理学家许衡、刘因、赵复、吴澄都是属于程朱学派的，赵偕、郑玉是属象山一派的，但吴澄、郑玉都主张调和朱陆之争。

明代理学，在王阳明以前，有河东、崇仁、白沙等学派。河东的代表人物是薛瑄（号敬轩），崇仁的代表人物是吴与弼（号康斋）及其弟子胡居仁（号敬斋），他们都属程朱一派。白沙的代表人物，是陈献章（新会白沙里人，著有《白沙子集》）及其弟子湛若水（号甘泉，学说有特别处，号甘泉学派），他们的思想是属于象山一派的，对于王阳明的学术思想不无影响。

王阳明之学

阳明名守仁，浙江余姚人，因曾筑书屋于阳明洞讲学，被称为阳明先生，其学派称为姚江学派（阳明学派）。

他曾学朱晦庵格物，因格竹子的理，想出病来，至三十七岁时，因得罪宦官刘瑾，被贬到贵州龙场驿。一夜夜半，忽然大悟格物致知的方法，原不应在事物上面去探求，因为“圣人之道，吾性自足”。于是以“心即理”“知行合一”“致良知”三种学说教人，而良知说尤其是根本。

阳明的著作，有《王文成公全书》三十八卷，其中一至三卷的《传习录》系门人所记，为其哲学思想的结晶所在。

阳明的（一）心即理说，是继承陆象山的主张，他说“心外无理，心外无事”，所以反对在心外“即物穷理”。（二）知行合一说，是由“心即理”说推演而来，他说“求理于吾心，此圣门知行合一之教”。又说“知是行之始，行是知之成”“夫人必有欲食之心，然后知食，欲食之心即是意，即是行之始矣”“未有知而不行者；知而不行，只是未知”“知之真切笃实处即是行，行之明觉精察处即是知，知行功夫本不可离，只为后世学者分作两截用功，失却知行本体，故有合一并进之说”。（三）致良知说，是将《大学》上的“致知”，同《孟子》上的“良知”拉在一起，他说“知是心之本体，心自然会知……此便是良知……常人不能无私意障碍，所以须用致知格物之功，胜私复礼，即心之良知，更无障碍”“良知之在人心，无间于圣愚”“但惟圣人能致其良知，而愚夫愚妇不能致，此圣愚之所由分也”。又说，“天地无人的良知，不可以为天地矣”。可见阳明所说的“良知”，一方面是先验的知识，一方面又是宇宙的本体。

阳明所谓良知，是直觉，有时又是本能或反射，所以知与行是一体。至于心即理，也就是以良知为本体的心，包含了万物的理，这和佛说“三界唯心，万法唯识”相似；尤其和禅宗的“顿悟”相似，他曾对一看花的人说：“此花不在尔之心外”，很明显地表现着主观的唯心论思想。

晦庵哲学中本来包含了唯心论要素，阳明将晦庵著作中这一部分的言论搜集起来，强指为晦庵晚年成熟的见解，辑成《朱子晚年定论》，以证其与自己思想的一致。

有人说阳明修正晦庵的学说，正和新康德派修正康德哲学一样，因晦庵与康德同为二元论者，阳明与新康德派都是唯心一元论者。

与阳明同时有罗整庵（名钦顺）者，著《困知记》，指出阳明《朱子晚年定论》的曲解，认朱陆之学，实不相同。整庵自己主张气一元论，他说天地间“无非一气而已”，气的变化规律就是理。他的见解很高，可惜没有大加发挥。

王阳明之学，后来分为左右两派。

右派以王龙谿（名畿）为代表，公然引用佛教禅宗的思想，主张无念无知，达到生死轮回的解脱，又认为儒、释、道三教可以贯通，儒家排斥异端为不合理，他把宋学以来的根本立场完全取消了。

左派以王心斋（名艮，泰州人）为代表，他讲所谓“淮南格物说”，以己心为使天下国家方正的格式，心正则天下国家亦正。心斋将哲学常识化，以求实用，其行动颇不守一般礼法，喜在民间活动。他的门徒颜山农、何心隐都有游侠风，心隐最终因反张居正而被害。左派王学的空想浪漫色彩，至李卓吾而达到极点，他曾为文反对儒者，斥名教累人，又说是非本无一定。他被人们指为名教罪人，著作数次被焚，本人也被诬下狱，后自刎死。

王学末流太近于禅，又多狷狂不守礼法，所以引起一般人的不满。明末东林学派高攀龙、顾宪成等，也研究理学，讲求静坐，但对王学有所批评。又有刘宗周（号念台）讲学于蕺山书院，虽出自阳明的传统，而兼主程朱之说。

清初各大师对于理学的批判

清代学风，最初因厌恶陆王派的束书不读，空谈冥想，而展开对王学的攻击与修正；后来连整个宋明理学都被认为空疏杜撰，而产生了实用派与考证派（所谓汉学）。这就是一般人所谓由程朱与陆王之争，一变而为汉学与宋学之争。

当时死守程朱家法而攻击王学的，有陆桴亭（名世仪）、陆稼书（名陇其）等；虽属程朱派而自己另有建树的，有顾亭林、王船山等；虽属陆王派而对王学有所修正的，有孙夏峰（名奇逢）、李二曲（名颙）、黄梨洲等。

当时攻击理学的多半指斥其无补于实际政治，以致“武人俗士”专权，弄得“夷狄寇盗之祸”相继而起，“天下鱼烂河决，生民涂炭”。另一方面，就批评理学的研究方法不实际，理学家虽主张实行三代的王道政治，而不能从古籍中考见三代政治的真相。

前一种思想的产生是由于清政权对汉族的压迫，后一种则由于西洋自然科学的略有输入。由前一种批判而产生了实用主义派，由后一种而产生了考证派。顾亭林的学术，兼有这两个特征，可说是清代学术的奠基者。

亭林名炎武，字宁人，江苏昆山人，有反清复明之志，曾游历北方各省，通观形势，阴结豪杰，晚年定居陕西华阴，以待时机。著作重要者有

《日知录》《天下郡国利病书》《音学五书》等。他的思想的最大特点，在于客观实证主义与经世救时的实用主义。他批评阳明派说："今之君子聚宾客门人数十百人，与之言心言性，舍多学而识以求一贯之方，置四海困穷不言而讲危微精一，我弗敢知也。"他还有"天下兴亡，匹夫有责"及"经学即理学"两句名言。

王船山与顾亭林同时，名夫之，字而农，一号姜斋，湖南衡阳人，因晚年隐居于湘西之石船山，被称为船山先生。著作有七十余种之多，邓湘皋集为《船山遗书》，其中《读通鉴论》《宋论》《俟解》《诗文集》有单行本行世。船山极推崇张横渠、朱晦庵，而反对王阳明。其批评阳明，不是站在实用主义立场，而是从本体论与方法论立场来驳斥那种"恍惚空明之见"，比亭林等来得深刻。船山认为先有"器"而后有"道"；又反对佛氏"以见闻觉知所不能即为无有"之说；又说有无不过是聚散隐显的变化，而太虚不变；又说太极本体只有动，静也是一种动；又说体用一源，不可离"用"而另立一"体"；又说心不能离身而存在，己不能绝物。这些见解，比宋明各理学家要高明，确实能够克服佛家思想，所以李石岑曾说"船山在中国哲学上的地位，我看比朱晦庵、王阳明还要高，也比颜习斋、戴东原诸人来得重要"（《中国哲学十讲》三四三页）。

孙夏峰因为要补救王学的"虚病"，生平著作大半是文献的考证、资料的记载，而没有专谈哲学的。

李二曲出身贫农，由自学成功，学说颇有平民色彩，他的哲学思想和夏峰相似，也是实用主义的。

黄梨洲名宗羲，字太冲，生平因奔走国难，备尝艰苦，著作重要者有《宋元学案》《明儒学案》《明夷待访录》《南雷文定》等。他的哲学思想仍然遵守阳明的主观唯心论，但加以实用主义的修正，主张把阳明"致良知于事事物物"的"致"字作"行"字解，而不去静坐参悟，求见本体。他的

《明夷待访录》一书，尤其重要。里面的政治学说，包含着明确的民主主义的精神，当时卢梭《社会契约论》还没有出现，而梨洲就有此卓越的思想，可算是中国学术史上的光荣。

理学批判的最高发展

上述顾、王、黄、李等，还只是对王阳明学派的批判，后来发展到颜习斋、李恕谷以及戴东原的学说，就连程朱学派也一起反对，尤其颜李学派，竟根本连汉学的考据与宋明的性理，全部给予否定，可说是大胆极了！

颜习斋名元，生平很少离开他所住的乡村，二三十岁时曾研究陆王及程朱之学，三十岁后，才完成自己的思想系统。他因为反对著书，所以著作只有《存学编》《存性编》《存治编》《存人编》四编，都是简短的小册子。

《存学编》说孔子以前的教学成法，大旨在主张习行六艺（礼、乐、射、御、书、数），而对于静坐与读书两派痛加驳斥。《存性编》是他的哲学要义所在，大致宗孟子之性善论，而反对宋儒变化气质之说。《存治编》发表他的政治主张，如行均田、复选举、重武事等。

《存人编》专驳佛教。此外还有门人纂集的几种书，都收在《颜李遗书》中。

颜习斋反对“正其谊不谋其利，明其道不计其功”两句话，又主张“习事见理”，不但“口中讲说，纸上敷衍”，还要“手格其物，而后知至”。他不赞同宋儒专由读书去穷理的办法，而主张动手实验。可是他不和培根一样能开创自然科学局面，因为他所要实验的仍不过是古代儒经上面所有的古代制度，而不是眼前的事物。

习斋反对宋儒理善气恶的说法，认为理即气之理，理善则气亦善，气恶则理亦恶，但仍遵守孟子的性善说。

习斋反对宋儒的静坐法，而主张“习恭习端坐”，且说“端坐习恭，扶起本心之天理”，仍不脱理学家窠臼。

习斋弟子李恕谷，名塨，字刚主，生平广交游，以昌明师说为己任。他的著作比较多，他于习斋“习事见理”的主张之外，又强调“理在事中”及道理出于实事两点，反对理学家“理在事上”“理在事先”之说。因为颜习斋主张实行古代制度，李恕谷于是从事考古，这一点使颜李学派的实践精神大为减弱。

继颜李派而起的理学批判者为戴东原。东原名震，其著作讲义理之学者有《原善》《孟子字义疏证》。其关于考证学方面的著作及方法，在本书第一、二、五等章已说过。

东原的批判精神，近于颜李，本体论思想可比船山，方法上与自然科学的联系比亭林还精深。他的考证学，不像后来考证家的为考证而考证，琐碎支离，而是用以阐明哲学体系，所谓“深通训诂，将以明道”也。

东原认为宇宙本体，为阴阳五行之生化流行，对于“形而上者谓之道，形而下者谓之器”两句话的解释，认为“形而上”即“形以前”，阴阳之未成形质者，叫作道，已成形质叫作器，水、火、金、木、土有质可见者属形而下，五行之气，则属形而上，因此反对程朱于气的世界之外另立一理的世界之二元论。

他的理论和张横渠、王船山、颜习斋、李恕谷是属于同一立场的。他说老庄释氏“分形神为二本”及宋儒“别理气为二本”是相类似的，他们是以无形无迹者（神或理）为“实有”或“得于天”，以有形有迹者（形或气）为“虚幻”或“私”而“粗”，一则以神为形之主宰，一则以理为气的主宰。其实“理”只是气化流行的必然之条理，不在事物之外。

东原既认理系客观地存在于事物之中，于是又主张“察尽其实”，不可由主观方面“心出一意以可否之”。东原根据这种认识论，在伦理学中，又主张感觉论的道德起源论，以为人类求生存的欲望，正是道德产生的基础。

他反对宋儒“去人欲而存天理”的说法，他说：“理者存乎欲者也”“欲之失为私”“君子亦无私而已矣，不贵无欲”。晦庵说心具众理，象山、阳明说心即理，都违反了理是客观的这一命题，东原的分别“理”与“意见”，认为理是客观的、公的；意见是主观的、私的。他觉得宋儒常常以意见为理，其结果以理杀人，“祸甚于申韩”。但东原的思想尚不能彻底，有时还说“人之材得天地之全能，通天地之全德”，有先验的知能。所以他还不能与晦庵、阳明匹敌而完成其另一体系。

宋明理学的没落与新理学的产生

在东原以后的那些正统派汉学家，根本不讲义理之学。道咸以后，曾涤生（国藩）颇有不满意汉学而推崇宋学的意思，但他对于理学并没有什么贡献。

晚清今文学派盛行，宋学更没有人注意。所以在清朝，宋明理学始终没有重整旗鼓。就今文学派所谈的问题看，多半是关于政治方面的，和理学家所谈的性理天道颇不一致，但谭嗣同《仁学》一书，谈到了宇宙本体，确是理学家的问题。嗣同的思想，力求冲破名教的网罗，颇有浪漫空想的色彩，他把科学知识和儒、释、道三家学说混合在一起，而建立一天人合一的“仁”的本体，和陆王派理学思想相仿佛。但他的思想在客观上是唯物的。

完全有现代科学知识及对于西洋哲学做过有系统的研究，而又继承宋学传统，加以新发展的，要算最近发表《新理学》的冯友兰。

冯氏之《新理学》是继承着程朱的传统而加以相当修正的。他的宇宙观仍是理气二元论的，理是形式，而气是质料。理属于真际，属于逻辑的即形而上的世界，是超时空的。气属于实际，即形而下的世界，是在时空的。但在时空的实际的事物，又不只是气，而必须是由气依照理以形成的。

他的“理”世界是不变的，而时时变化的实际世界，却要按照那“理”

来变化，不过又不曾完全实现了那“理”。他的“理”是多样的，每一事物有其所以然之理。他的“理”是包含矛盾的，如他说，事物依照理而有各类之性，有各个体之性，但个体之性与类之性可以有冲突。

他修正了朱子“物物有一太极”之说，认为“太极”是一切理之总和，一物只能有一极（极是标准或极限的意思）。因而朱子“心具众理”说也给修正了，他以为理是客观的范畴，一心不可能具众理。

他的理学，不谈各种具体的理（各种事物之理，只能由各部门的科学去研究），而专谈抽象的理，所以不至于有因穷竹子的理而生病的结果。

他对于“两仪”“四象”给了新的解释，对于历史、革命、道德等，都给时势的要素以重视。

他也和程明道、谭嗣同一样，认为圣人的境界是与万物为一体（“仁”），圣人是以“宇宙底心”为心，也可说是“为天地立心”，换句话说，就是“无私”“无我”，纯粹客观主义、自然主义。

第十章 诗赋词曲

文学的范围与类别

我国过去所谓文学，范围与现代文学不相符合。如孔门四科（四科就是德行、言语、政治、文学，见《论语·先进》篇）中所谓文学，是包括礼乐而言，范围很大。孔子又说："兴于诗，立于礼，成于乐。"（《论语·泰伯》篇）他把诗、礼、乐三件事联系起来，但其中只有诗是我们现在所谓的文学。

秦汉以后，或者以一切文章为文学，或者以有韵的文章为文学，直到近人章太炎，文学的解释始终是和现代不同的。太炎氏说：著于竹帛谓之文，论其法式，谓之文学。如照太炎的定义，文学乃是文章法式论，就是文法、作文法与修辞学，不然就是文体研究。这是我们所不能同意的。

从前所谓词章之学，和现在所谓文学大致相当，虽则讲词章之学的，偏重形式，但其中包含了真正的文学作品。

四库书中，文学大概都在集部以内，但并不完全如此。一种文集，往往把议论文、考据文、应酬文和文学作品兼收并蓄，因此集部书中，有大部分文字不是文学，而是史学、哲学或日常应用文字，而集部以外，却又有文学作品，例如《诗经》，虽属经部，实际上是纯粹的文学书。

在现代文学中占重要位置的小说，过去属于子部，而且只包括笔记琐闻，不容纳《水浒》《红楼梦》等白话小说。戏曲也不列入文学正宗。总而言之，语体的文学作品，向来是搁在文学范围以外的。

过去文学的分类非常烦琐，如《昭明文选》分诗文为三十七类，诗一类又分二十二子目，又如古今诗体以题目分（如谣、吟、歌行、咏、操……），可得二十余类；以作者分，可得五十余体；文体，姚鼐《古文辞类纂》分十三类，曾国藩《经史百家杂钞》分十一类，在《涵芬楼古今文钞》（吴曾祺编）中则于十三类下再分子目，共有二百十三目，在《今古文综》（张相辑）中分为四百五十五目。

我们现在不采取那种无意义的类别，只大致分为诗、赋、词、曲、骈文、散文、小说、戏剧等类别来说。

最早的诗总集

集部的书有总集与别集的分别。凡汇录多数作家的作品，叫总集，仅包含一人的作品，叫别集或专集。

《诗经》可以说是我国最早的一部诗总集，这部书在我国文学史上的地位，相当于古希腊荷马的《奥德赛》与《伊利亚特》。本来人类最初的文学是诗歌，其他的文学形式大致都从诗歌发展出来。我国的《诗经》是最早的一部纯文学书，后世各种文学都从它发源，正符合了文学发展的公例。

从《诗经》演变而为《离骚》，再挨次演变为汉代的赋，六朝的骈文，唐代的诗，宋代的词，元代的曲，而骈文的反动，又产生唐宋的古文，都不是偶然的。

《诗经》分为风、雅、颂三部分，以风为最有文学价值。

风是从民间采录的歌谣，包含了许多抒情诗以及表现生活痛苦的作品。至于雅、颂两部分，是当时朝中士大夫所写的，有些诗，篇中就把作者的名字写出了，如《小雅·节南山》篇有“家父作诵”句，《小雅·巷伯》篇有“寺人孟子，作为此诗”，《大雅·崧高》篇及《烝民》篇都有“吉甫作诵”句。

在雅诗中，也有许多值得注意的作品，有的是美丽的神话与传说，有的是社会不安时期之沉痛的呼声。此外，则多是歌颂功德、夸耀国威的乐歌。这些雅诗，可说是叙事诗，是史诗。

颂也包含史诗，如《商颂》的《玄鸟》等篇。

《诗序》以风、雅、颂各部分的第一篇为代表作，称为“四始”，即《关雎》为《国风》之始，《鹿鸣》为《小雅》之始，《文王》为《大雅》之始，《清庙》为《周颂》之始。尤其《关雎》一篇，很受推崇，孔子曾说“《关雎》乐而不淫，哀而不伤”。

就整个《诗经》说，孔子也说过“诗三百，一言以蔽之，思无邪”的赞美之辞。

又，《国风》的开始两辑是《周南》《召南》，这“二南”列在各国之前，而背景却是江汉一带，即春秋战国时代的楚国地方。

据说是南国被文王之化，而产生温柔敦厚的歌诗，比其他国风来得正派一些，所以列在最前，且有把它们从《国风》分出另作一类（而称为南、风、雅、颂）的。

究其实所谓“南”就是南方乐歌之意，周召大约是采取南方诗的两个负责人，而“二南”即与“楚风”相当。因此，《诗经》并不完全是北方文学。

楚 辞

《楚辞》是从前目录学家所认为最古的总集（在《四库全书》中，则在总集别集之外另成一类）。它是汉刘向所编辑的，包含屈原、宋玉、景差、贾谊、东方朔等人的作品。主要作者是屈原，其他作者不过仿效他的文体，所以一并附入。

屈原是楚国人，和楚王同姓，楚怀王颇信任他，后来因为上官大夫在楚王面前说了坏话，被放逐于湘沅一带地方。屈原因楚国政治“开倒车”，不是秦国的敌手，有国破家亡的危险，于是忧愤而作《离骚》，“离骚”二字是“遭忧”的意思。他又根据湘沅一带祀神的巫歌而改作《九歌》，又有《天问》《九章》《远游》《卜居》《渔父》等作。他后来投汨罗江而死。

《楚辞》有东汉王逸注本，流传至今。

《楚辞》是由《诗经》发展而来的。《诗经》的“二南”产生于江汉之间，屈原也生于江汉，在地理上，显然有密切的关系，即就形式上说，《楚辞》用“兮”字的地方很多，《诗经》用“兮”字的地方也不少。郭沫若认为，楚国文化是因殷民族南迁而产生的，无论南方北方，都以殷民族为文化渊源，所以《诗经》的《国风》不能以南北分，总之是《楚辞》的先驱。

《楚辞》的形式与内容都有和《诗经》不同的地方。

就形式说，《诗经》虽有三字、五字、六字、七字或九字一句的，但以四字句为最多，可说是四言诗，《楚辞》则以六字句（连兮字算则有许多七字句）为多，而且较参差较活泼，篇章也比较长些繁复些。

就内容说，《诗经》的情感是温柔敦厚，《离骚》等篇，情感非常热烈，梁启超因此论及《离骚》的作风及屈原的投江，以为屈原的性格与一般讲中庸之道的中国人不同。

《诗经》中神话少，《离骚》中有丰富的神话，如羲和、望舒、飞廉、丰隆、宓妃、有娀、佚女等故事，这和古希腊的荷马史诗非常相似。如果拿祀神的《九歌》与《诗经》中的颂相比，后者所祀的神是祖先，前者所祀的东皇太一、湘夫人、山鬼、国殇，则多是离奇怪诞的鬼神了。屈原所歌唱的虽是神话，实在是深刻的现实反映。

《离骚》一篇是他的主要作品，凡二千余字，是一篇伟大的叙事诗。《史记》上说："《国风》好色而不淫，《小雅》怨诽而不乱，若《离骚》者可谓兼之矣。"可见《离骚》感人之深，远过于《诗经》。

继屈原的诸作者中有一个宋玉，他所作《九辩》，以悲秋开始，情辞凄婉，也很有名。

赋

赋是汉代文学的代表形式，渊源于《楚辞》及战国的策士文。

赋的形式在诗与文之间，班固说："赋者，古诗之流也"，又说，"不歌而诵，谓之赋"，这就是说，赋是不能歌唱只能诵读的诗（就不能歌唱说，是文；就叶韵说，是诗）。赋的意义为"铺"，为"敷"，所以敷陈事实，铺展词采。

《汉书·艺文志》分赋为四类：一为"屈赋"，二为"陆赋"，三为"荀赋"，四为"杂赋"。

"屈赋"就是《楚辞》，汉代贾谊、淮南王刘安的赋，属于这一类，其特点是抒情。

"陆赋"是汉陆贾的赋，属于这一类的还有枚皋、朱建、严助、朱买臣、扬雄等人的赋，现在除扬雄诸作外，都已失传。这类偏于辞说，为纵横策士文的变相。

"荀赋"是《荀子》书中的"赋篇"，是以咏物为主的，《汉志》所列荀子以后诸家都不传。

"杂赋"全部失传，内容无从知道。

就这四类看，只有"屈赋"一类，可算是文学。

除《汉志》所列者外，还有许多作赋的大家，班固自己就有《两都赋》的名作。

单以赋出名的是司马相如，作品有《子虚赋》《上林赋》《大人赋》《长门赋》等。前两篇是描写田猎的，第三篇是描写神仙的，第四篇是替失宠的陈皇后抒写愁思以感动皇帝的，都是写的宫廷生活。相如生活浪漫，有与青年寡妇卓文君恋爱的佳话，后来成为汉武帝的文学侍从之臣。又东方朔，作有《七谏》《答客难》等篇，也是武帝的"宫廷供奉"。

汉代最早的赋作家以贾谊为最著，他的《吊屈原赋》《鹏鸟赋》都是抒写抑郁不平之作，最能表现个性。其他作家，如枚乘，以《七发》为代表作；扬雄以《甘泉赋》《羽猎赋》《长杨赋》等为最有名，但都是模仿司马相如，没有创新精神；东汉除班固外，有张衡，他的《西京赋》，据说写了十年，颇有名，又蔡邕作有很多赋，以《述行赋》《短人赋》《释诲》等篇为最好。

汉赋大体上是宫廷文学，内容比《楚辞》低劣很多。形式上则堆砌辞藻，铺张事物，甚至把字典上的种种物名，尽量写进去（赋家多兼为字典编纂家），又喜欢用排偶句法，所以活泼的少，笨拙的多。

这种文学的产生，是由于天下承平，君主想以文字来装饰太平，夸耀功德，并消遣闲暇，而用利禄奖励起来的。但因偏重形式，内容日益贫乏，魏晋以后，便很少好的作品，所以章太炎说："自屈宋以至鲍（照）谢（灵运、惠连），赋道已极，庾信之作，去古愈远……赋之亡盖先于诗。"

但六朝盛行的骈文，却是由赋蜕变而来的。

乐　府

唐以前的诗被称为古体诗（唐人诗被称为今体诗或近体诗），古体诗又分为乐府与古诗两种。

自汉武帝制定郊祀之礼，设立“乐府”——一个掌管乐歌的官署，以李延年为协律都尉，采诗夜诵——征集民间歌谣及文人仿作的民谣，使延年领导歌唱，有时也制新歌曲，于是可歌的诗，称为“乐府”，其不可歌唱的诗，即称为诗，后世称之为“古诗”。

汉以前，诗与乐不分，凡诗都是可歌唱的。汉时歌（乐府）与诗分开，而民间歌曲，却因此得以保存下来。后来凡文人仿作的民歌，或模仿古乐府而成但不能入乐的诗歌，也称“乐府”，或“新乐府”。

乐府虽然是武帝时设立的，乐歌则武帝以前老早就有，如汉高帝作《大风歌》，令沛中儿童百二十人歌唱，高帝好“楚声”，他的《鸿鹄歌》及唐山夫人的《房中祠乐》都是“楚声”。

武帝时既设立专官，又使司马相如等增制十九章之歌，又采集燕、代、秦、楚之民谣，采用箜篌、横吹等外族乐器，李延年又依胡曲而造新声，因此音乐大起变化，而乐府诗也由此盛行。

但西汉到东汉初年，还是乐府的产生时期，到东汉末年及建安前后，方达全盛阶段，建安以后，则多模仿之作，隋唐以后便逐渐衰落了。

据郑樵《通志·乐略》载称，汉代制作的歌曲有《短箫铙歌》《相和歌》《郊祀歌》等十余种，每种有若干曲。相和曲中有《薤露》《蒿里》《陌上桑》《箜篌引》等，都采自民间，《陌上桑》及《箜篌引》歌词写得很动人。《郊祀歌》系邹阳、司马相如等文人作品。《短箫铙歌》是鼓吹曲，发声宏大，用于军中。

东汉时乐府诗，如辛延年的《羽林郎》、繁钦的《定情诗》等，都很好。南北朝时，乐府又产生了许多新歌新曲。南朝的以《华山畿》《子夜歌》等民歌最为流行，属于柔婉的“清商乐”。北朝乐府是刚健的胡声，歌词也比较质朴，有《琅琊王歌》《折杨柳歌》《捉搦歌》《陇头流水歌》等。

宋代郭茂倩所编《乐府诗集》，所收歌诗，上自陶唐，下迄五代，其中有许多并不是乐府，但真正的汉魏乐府，亦可在这部集子中去找。

五言诗

汉魏六朝间的诗，多半是五字一句的，而建安（汉献帝年号）时代，五言诗（因《昭明文选》内多五言诗，人们便称之为“选体”）的创作尤其丰富而优美。

五言诗产生于汉，和乐府不无关系，如李延年之《北方有佳人》，蔡邕之《饮马长城窟行》，蔡琰（文姬）之《胡笳十八拍》，无名氏之《孔雀东南飞》，以及前述的《羽林郎》《陌上桑》等篇，大致都是五言。

但一般人多认李陵与苏武唱和诗是五言之祖，又有以《古诗十九首》为五言起源的，而作者是谁及在什么年代，则难以确定。五言诗虽不能确定创于何人，而起源于西汉，则无疑义。

到东汉时，五言诗作家有班固、张衡、傅毅、徐淑、秦嘉夫妇、蔡琰等。

建安时代的主要作者是曹操、曹丕、曹植三父子，其次为孔融、王粲、徐干、陈琳、阮瑀、应玚、刘桢，称“建安七子”。在这些作家中，天才卓越的是陈思王曹植，他的作品著名的有《美女篇》《七哀》《名都篇》《白马篇》《驱车篇》《弃妇》诸篇。其余二曹，所作亦佳。七子中诗的佳作不多，只有陈琳的《饮马长城窟行》最为世人称道。

建安时代的诗，除五言占主要部分外，也有四言（如曹操的《短歌行》）和七言（如曹丕的《燕歌行》）的。

四言诗只是《诗经》形式的残余，七言诗则是一种新形式的创始（汉武帝建柏梁台落成，曾有七言诗的联句之作，号称柏梁体，但诗的内容不及魏文帝的好）。

建安时代的作风，渐渐由朴质而转向浮华，颇着重音节和辞藻的美丽，已经开辟了六朝唯美主义的道路。

直接继承建安风格的有阮籍（以《咏怀诗》著名）和嵇康，他们是所谓正始（魏主曹芳年号）文学的中心人物，同时又属于西晋的“竹林七贤”（七贤除阮籍、嵇康外，还有山涛、向秀、刘伶、阮咸、王戎，都是清谈派文士）。

西晋太康（武帝年号）时期的诗人还有三张（张载、张亢、张协）、二陆（陆机、陆云）、二潘（潘岳、潘尼）、一左（左思，字太冲，以咏史诗著名，又作《三都赋》，费时十载）等。他们虽然继承建安的传统，而风格已变，大都词旨浅薄，偏重对仗排偶的技巧。

到南北朝时，风格更趋淫艳了。

陶渊明与南北朝诗

东晋及南北朝的诗，形式上仍然是继承汉魏的体裁，以五言古体诗为主，七言古体诗次之，到最后才孕育了“律诗”的萌芽。风格则一天天走向纤巧艳丽。

只有东晋末年的陶潜，是一个伟大的诗人，他的作风特别不同。东晋在陶潜以前，还有两个诗人，刘琨和郭璞，郭的《游仙诗》尤其著名，但都比不上陶潜。

陶潜，字渊明，世称靖节先生，他不大高兴做官，乡居以诗酒自娱，与周续之、刘遗民并称为“浔阳三隐”，所作诗多以田园生活为题材，形式上不讲雕琢，风格恬淡自然，但也往往有深情的寄托，他的诗如《归园田居》《读山海经》《饮酒》《咏荆轲》等篇，都为人称道。渊明又长于辞赋，有《归去来兮辞》《闲情赋》等作。

在陶潜以后不久，有诗人谢灵运（谢玄之孙，袭封康乐公），也喜欢歌咏自然，人们将他和陶潜并称（他们的诗称陶谢体），又称陶为田园诗人，谢为山水诗人，其实谢的诗不脱六朝习气，远不及陶诗的自然。

后来唐朝有几个喜欢歌咏自然的诗人，孟浩然、王维（字摩诘）、储光羲、韦应物（做过苏州刺史）、柳宗元（字子厚，做过柳州太守）都是学陶诗的。

谢灵运与颜延之、鲍照（字明远）为宋元嘉（宋文帝年号）体的代表作家。灵运与其弟惠连都有文名，时人称为大小谢。灵运又与齐之谢朓（字玄晖，曾做宣城太守）并称为大小谢（灵运是大谢）。

谢朓是齐永明（齐武帝年号）体的代表人物。齐武帝第二子竟陵王萧子良好作诗，他所结纳的诗人有谢朓、任昉（字彦昇）、沈约（字休文）、陆倕、范云、萧琛、王融、萧衍等，号称“竟陵八友”。

萧衍后来做了皇帝（梁武帝），那八友又是梁的诗人，因此有所谓“齐梁体”的名目。梁代君主都是文学家，简文帝特别以艳诗著名，号称“宫体”。此外，还有江淹、何逊、吴均也是梁的名作家。

梁代诗的形式，渐渐注重声调格律，而风格则日益卑下，到陈代，作风更趋于轻靡，著名诗人有徐陵（字孝穆）、阴铿、庾信（字子山）等。徐陵选辑汉魏六朝的艳体诗十卷，名《玉台新咏》，于是有“玉台体”的名称。以上都是南朝诗人。

北朝诗人较少，仅北魏的温子升、魏收、邢邵稍著名，世人以“温邢”并称，又有“大邢小魏”之号，庾信渡江仕于北周，又有“南徐北庾”之称。

隋朝统一南北，诗人有隋炀帝及薛道衡、杨素、虞世基、王胄等，仍上承徐庾的作风，但亦有豪健的作品，风格开始转变了。

南北朝时有女作家苏蕙，以回文诗著名。又，民歌中《子夜歌》为女子名子夜者所作。此外，谢道韫也是一女诗人。

唐 诗

唐代是旧诗的黄金时代，各种诗体都具备，各种风格都有。除继承了前代传统以外，还创造了所谓近体诗。诗人非常多，而且产生了杜甫、李白两位数一数二的大诗人。

所谓近体诗，就是“律诗”。律诗的特点，是要调平仄、讲对仗的。有五言律、七言律两种，都是以八句为一首，每两句为一韵，首句也有时叶韵，中四句必须作成两个对联，也有全部都对的。又有所谓“绝句”，是截取律诗的一半，有七绝、五绝两种。

六朝时阴铿、何逊、徐陵都作过五言律，但没有确定为一种格式，到唐朝沈佺期、宋之问才确定。

唐代诗人除作近体诗外，还作古体诗——五言古诗、七言古诗——都是两句为一韵，句数多少不定，平仄对偶都没有限制，每句字数也可变动。

唐诗有初、盛、中、晚四个时期的分别。

初唐期约一百年，代表作家有王（勃）、杨（炯）、卢（照邻）、骆（宾王）“四杰”，及沈（佺期）、宋（之问）等是继承陈隋绮艳作风的，又有陈子昂、张九龄是主张素朴风格的，可说是盛唐作风的先驱。这一时期中，成立了五、七言律，发生了五、七言绝，又产生了“排律”（扩大律诗的篇幅，任意增加对联句若干韵），诗体已很繁富。

盛唐及中唐可当一个时期看，自开元、天宝（都是玄宗年号）以至大历（代宗）、元和（宪宗）、长庆（穆宗）间，约百余年，是唐诗成熟时期。代表作家除李白、杜甫外，有王维、孟浩然、高适、岑参、韦应物、韩愈、柳宗元、孟郊、贾岛、李贺、元稹、白居易等。王、孟、高、岑并称为“四唐人”。

王、孟长于歌咏自然，高、岑长于描写边塞战争生活。写边塞的诗人还有王昌龄、王之涣，昌龄有“诗天子”的称号。韦、柳风格近于王、孟。韩、孟（郊）、贾、李，格调奇僻，批评家有“郊寒岛瘦，长吉（李贺）鬼才”的考语。

元、白是中唐健将，白居易（字乐天，号香山居士）尤其重要，他的讽喻诗最能深刻地反映现实，而又写得通俗，最为人爱读的有《秦中吟》及《新乐府》中的《新丰折臂翁》等篇。元稹（字微之）的《连昌宫词》与白居易的《长恨歌》都是写天宝史事的名作。

除元、白外，中唐诗人尚有刘长卿，是权德舆称为“五言长城”的。有刘禹锡（字梦得），取巴渝民歌，改作《竹枝词》，白居易等仿作，都不及他的原作。

晚唐期诗人以温庭筠（字飞卿）、李商隐（字义山）为代表，其名作都是艳诗，又有陆龟蒙、皮日休等人专作浅近的诗，词浅而意也不深，只有杜牧（字牧之，世称小杜，对杜甫来说）诗，艳中有豪气。

温李诗，宋初杨大年等学它，称为“西昆体”。又，温李及另一诗人段成式俱排行十六，他们的诗又称“三十六体”。此外有一韩偓，也写艳诗，叫“香奁体”。晚唐可说是唐诗的衰落期。

李白、杜甫

李白字太白，贺知章称他为“谪仙人”，后世因此叫他“诗仙”。他为人豪放不羁，颇有道家神仙一派的思想，当开元、天宝的盛世，为宫中供奉之臣，作品充溢着浪漫情调，不大受形式拘束。他在沉香亭即席赋《清平调》三章，歌咏杨贵妃，是有名的香艳诗。他又会写边塞风光，会拟古乐府，有些诗又充满了厌世观念（如《将进酒》），恰恰反映着颓废的贵族生活。

杜甫字子美，号少陵，遭逢安史之乱，过了多年的逃难生活，他的思想不如太白的超脱，所以作品能深刻地反映现实，如《北征》《述怀》、“三别”“三吏”等，都是写内乱时期民众愁苦的惨况，《石壕吏》一诗尤为世所称颂。晚年定居成都，风格转为闲适，所写的作品特别多。因为他有关心国计民生的热情，所写的时事诗特别动人，所以人家称他为“诗史”。又称为“诗圣”，则因为他的诗，无论形式内容，都有很高的造诣，他的造诣是从学问修养与生活实践而来，不是仅凭天才。

李、杜两大诗人，各有特殊的个性，各自反映一种时代背景，李白可说是六朝以来浪漫主义发展的最高峰，杜甫则是写实主义的开创者，后来白居易的诗，也是写实主义的。

唐以后的重要诗人

唐以后的诗人很多，但他们的诗为唐诗的旧形式所限，很少新的发展，现在只说说最重要的几个人。

（一）北宋的苏轼（字子瞻，号东坡居士）、黄庭坚（字鲁直，号山谷，诗为“江西诗派”之祖）、南宋的陆游（号放翁，诗集名《剑南诗稿》），是宋时最大诗家。苏、黄以前有林逋，以梅花诗著名；有杨亿、刘筠等，前者编有《西昆酬唱集》；有苏舜钦、梅尧臣，则以简淡高古之体，矫正西昆之浓艳。苏东坡诗学陶潜、李白，黄山谷则学杜甫。山谷与晁补之、秦观、张耒四人，被称为“苏门四学士”（或四君子）。师承山谷者则有陈师道、潘大临等。即陆游的诗也是从“江西派”变出来的。陆氏与尤袤、范成大、杨万里，号称“四大家”，四人中只有陆的作品富于情感，又能写实，表现强烈的民族意识。陆游以后有所谓“四灵”（徐灵晖、徐灵渊、翁灵舒、赵灵秀）及严羽。尤可注意的是宋末的遗民诗——郑思肖、邓牧、谢翱及其他无名作者，诗集二卷，名《谷音》，慷慨悲歌，情感真挚。

（二）辽金元明数代，没有一个伟大诗人，勉强算数的，则有金的元遗山（名好问），元的虞道园（名集，与杨载、范椁、揭傒斯合称“四大家”）、杨铁崖（名维桢，号廉夫，著有《西湖竹枝词》），明的高启、袁凯（以《白燕》诗著名，人称为袁白燕）等。

（三）清朝诗人，初期有钱谦益（牧斋）、吴伟业（梅村）（钱、吴与龚鼎孳合称“江左三大家”）、王士祯（渔洋山人）、施闰章、宋琬（号称南施北宋）、查慎行、朱彝尊（朱与王士祯号称南北两大宗）等，以渔洋为最著名，他是主张诗贵神韵说的。清中叶有袁枚（他是提倡性灵说的）、赵翼、蒋士铨（以上三人称“江右三大家”）、沈德潜、翁方纲、黄景仁、厉鹗等。清末有龚自珍、陈三立等，号“同光派”，其诗重骨格而少生趣，其后“南社”诸人的诗，以民族主义为主题，比较有内容；黄遵宪以新名词入诗，则形式上也开始解放。

词

词是可以歌唱并和乐器配合的韵文，句法长短参差，不像诗那么整齐，并且由于文句的长短多少，构成多种形式，比诗的体裁要丰富些。

当唐诗的发展达到极点时，词已开始产生，这一新形式的文学，到宋代更成为一代文学的主潮。

词的种种牌子，都由乐曲而定，因为唐时输入了中亚细亚、印度以及朝鲜等地的外国乐曲，加以新声的创制，乐谱日益繁富，文人有研习音乐的，于是将诗句变换，以迁就乐谱，凡过去在五、七言绝句中所插的散声（是插在字间的）、和声（是插在句间的），都填以实字，这就叫填词。

填词就是产生词的起源。李太白的《菩萨蛮》与《忆秦娥》两词，据说是最初的词，唐朝人继起作词的不少，但所作的都是短词，即所谓“小令”。那时候诗词还没有划分界限。

晚唐及五代时，词才正式成立，赵崇祚把当时的词辑成《花间集》，共得五百余首，就是最早的词集。

到宋时，于小令及较小令略长的中调以外，更添长调，词体非常完备，作者如林，作品尤多绝唱，是为词的全盛时代（明毛晋编《宋六十名家词》九十卷，搜罗颇完全）。

词的初起时，多半是艳情或哀怨之作，用字有时很通俗，大概都是拿民间情歌改编的，或者仿情歌体而创作的。后来宋人创制长调，把篇幅加长，又有许多不懂歌唱的文人来写作，就把那作风改变了。

在形式上，宋代的词有些散文化，或非形象化（议论）的，在内容上则有豪放派的产生。

宋代以下，词的全盛时代已过去，虽一般文人高兴填词，其中也有佳作，但都不能超过宋代，并且渐与音乐分离，所谓依谱填词，完全成了一种无意义的形式功夫，而那种字数、平仄、韵脚的限制，徒然给文学创作以重重束缚罢了。

重要词人

晚唐温庭筠才开始于诗外另有词的创作，可说是第一个词人。

五代时著名词人颇多，以南唐后主李煜为最伟大。李后主初期作品是艳情的，后期作品则为亡国哀怨之声，最为世人所激赏，如“四十年来家国，三千里地山河……最是仓皇辞庙日，教坊犹奏别离歌，垂泪对宫娥”“春花秋月何时了，往事知多少……”诸词，都极凄婉。南唐中主李璟，词亦作得好。此外，冯延巳也是南唐词人。

除南唐外，西蜀也是词人产地，如前蜀的王建、王衍，后蜀的孟昶，都以国主而兼作家，其他作家以韦庄为最著名。

北宋词人可分四期说。开始是小词或令词时期，有晏殊、欧阳修、晏几道等。次期为慢词（字数较多，即长调）时期，有柳永、秦观等。慢词是柳永收俚俗语言，依新乐曲编成的，后来发展而成“诗人词”，主要作者有苏轼、黄庭坚等。而精于音律作曲的“乐府词”人，则有周邦彦、李清照等。

南宋也分两期。前期有朱希真、辛弃疾、陆游、刘过、刘克庄等，是现代人们所谓白话词派的作者；后期的姜白石、高观国、吴文英（号梦窗）、史达祖、蒋捷、王沂孙、周密（号草窗）、陈允平、张炎等，则属于乐府词派。

两宋词人，从风格上分，又有婉约词派（又称南派）与豪放词派（又称北派）的分别，前者以李清照为代表，后者以苏轼、辛弃疾为代表。又柳永与苏轼的作风，也是哀婉与豪放的对比，当时人批评说，柳氏的“杨柳岸，晓风残月”宜十七八少女唱，苏氏的“大江东去”须关西大汉唱。辛稼轩（弃疾）以军人而兼词人，多感时伤事之作，与东坡齐名，世并称“苏辛”。

宋代有两大女词人，一个是写“莫道不销魂，帘卷西风，人比黄花瘦”的李清照，号易安居士，著有《漱玉词》；一个是写“月上柳梢头，人约黄昏后”的朱淑真，著有《断肠词》。

北宋词人周美成（邦彦），号清真，深通音律，他的《清真集》成为后人模仿的准则；南宋姜夔（号白石道人，著有《白石道人歌曲》）、吴文英、周密等也受美成的影响，白石及草窗喜欢雕词琢句，引用典故，又有典雅词派之称。

元明以后，词的时期过去，清朝词人虽多，可注意的只有纳兰性德（容若），他的词缠绵婉转，颇似南唐后主，其作品有《饮水词》《侧帽词》等。

散　曲

词发展到南宋，完全成了少数文人的消遣品。而且因为偏重形式的雕琢，便是文人想要表现真挚的情感，也不愿意再受它的束缚了。因此到了元朝，词衰落而曲盛行。

曲是戏剧，它的产生是由于唐宋时民间已有简单的歌舞表演和歌舞戏，金国又产生了歌唱兼说白的董解元《西厢》，元朝人将歌唱、说白和动作（舞）合起来，表演故事，便形成了戏曲。

戏曲以外，同时还有“散曲”。戏曲是表演故事，“散曲”却是单纯的诗歌，不过和词有些不同，它比词近于口语一些，又适应北方民族输入的新音乐，是仿照戏曲中唱词的体制而作的。当时文人不愿意受词的格律的拘束，于是便从大众文艺中采取了这种新的诗歌形式。

“散曲”的代表作者为张可久（小山）、乔吉（梦符）、关汉卿、白朴、马致远（东篱）、郑光祖等。

马的作风豪放，其余则都属于清丽一派。马有《天净沙》一曲，题目是《秋思》，很著名，全文如下：“枯藤老树昏鸦，小桥流水人家，古道西风瘦马。夕阳西下，断肠人在天涯。”

明清两朝，“散曲”作者也不少，但因为逐渐趋重于音律与辞藻，所以元曲的精神便没能保持下去。

第十一章 散文和骈文

散文和骈文的分别

上一章所说的诗赋词曲，都是韵文，现在来讲非韵文。

非韵文有散文和骈文的分别。散文的句法，长短不齐，比较接近于口语的组织；骈文的句法，要排比齐整，字义虚实相对。例如“老当益壮，宁移白首之心；穷且愈坚，不坠青云之志”，以一双四字句及六字句，两两相对，这就是骈文，其他不属于这种形式的普通文章，都是散文（郑振铎《文学大纲》，骈文也叫散文，将散文分为古骈二体，这个散文是现代意义的，对诗歌、小说、戏剧说的）。

骈是对偶的意思，骈文句法常常以四字句、六字句相间成文，所以又称四六文，但一般骈文家对于骈文的定义比较广泛，他们认为骈文包括“骈字”“骈句”“骈意”等形式，不仅四六文而已。

所谓“骈字”就是两字重叠而成的语汇，例如“窈窕”“参差”“苗条”“流离”“关关”“夭夭”等，或者是双声相重，或者是叠韵相重，或者是同字相重，如果不重叠，音节就不明显，说起来就不好听。

所谓“骈句”，不仅包括四六句，就是其他的排句也包括了，例如“城非不高也，池非不深也……”，这也算是“骈句”。

至于“骈意”，则凡文字有几层意思，分数段平列写出的，都包括了。

这样一来，不但韩柳欧苏那些散文大家的文章脱不了骈文的范围，便是白话文也有许多是骈文了。这个过于广泛的定义，我们不能赞同。

我们认为，骈文虽不限于四六，但句法整齐、字义虚实相对这两个原则，必须具备，才算是骈文，例如“八股文”“对联”，都合于这两个原则，都可以算作骈文。至于其他的骈句，就不能叫骈文、骈字及骈意，更不能作为骈文的特点。

清朝骈文大家阮元，曾著《文言说》一篇，说《易经》上的《文言》篇是骈文，作《文言》的孔子是骈文的老祖宗，他这样吹骈文的牛皮，来提高骈文的地位，自不能不采用极广泛的定义。但近人章太炎也主张同时述多人多事的文字，须用骈体，这个见解就上了骈文家的当了。

再说散文，自唐代以来，一般散文家多半又叫它作“古文”，这个名词也很容易使人误会，因为我们看起来，过去的文章，无论骈文散文，都可以算作古文。

但是你只要看清楚唐朝散文家的文体革新运动的时代背景便不至于误会，因为唐代承继六朝之后，骈文盛行，初期文学家如王勃等，都是骈文大家，就是中唐以后，刘知几作《史通》，陆宣公写奏议，也都用骈体，那么，韩愈等想要改革当代文风，当然就不得不倡言回复到汉魏以前司马迁的时代去。

所谓“古文”运动，其实并不是复古，而是带有浓厚的革新性。再则散文这个名词，过去和现在也不尽相同，现在的散文，只是抒情小品，不能包括小说，更不能包括文学以外的论说文，但过去所谓散文，是可以包括这些文字以及非骈体的应酬文的。不过依照古文家的“义法”，就有一部分文字，如语录体及报馆体的文言，应被排除于散文之外，至于白话文的不能算作文学，更不待说。

散文与骈文的分合

清代文坛（如刘开、曾国藩等）有一种骈散统一的理论，认为汉魏以前文字，本来骈散不分，魏晋以后，骈散分离，唐宋以后，骈散对立，相互攻击，其实骈散二体，各有所长，亦各有所短，骈文有韵律辞藻之美而不免流于板滞晦涩，散文有擒纵开合之妙而不免过于质直枯燥，为什么不回复汉以前的文体，骈散兼行，用其长而补其短呢？

章太炎也属于骈散折中派，所以他说："凡简单叙一事，不能不用散文，如兼叙多人多事，就非骈体不能提纲。以《礼记》而论，同是周公所记，但《周礼》用骈体，《仪礼》用散体，这因事实上非如此不可的。《仪礼》中说的是起居跪拜之节，要想用骈也无从下笔。"照他们这种讲法，自然可以使骈文散文争文学正统的问题得一个解决，但非用极广泛的骈文定义不可。如果照我们所采的骈文定义，则骈文是六朝产生的，周秦汉的文字，不过是散文中间有排比的句法，或韵语，或连续数节文字的结构偶然相类似，这与后世骈文不同。

古代文书流传困难，常常要凭口耳相传，所以有可能把句子弄整齐些或作成韵语时，古人必定这样做，以便记忆及传诵，但这种构造并无一定格式，决不能和四六文或八股文相提并论。

后世讲古文义法的，反对在散文中夹入骈语，虽然似乎太苛刻，但他们所指，还只是魏晋六朝人藻丽俳语，并不反对采用周秦文体，可见骈散的分离与对立，都是由狭义的骈文即六朝文所酿成，而不是散文家故意与一切偶句韵语作对。

总之，当唐宋散文运动起来反对骈文的时候，散文运动是革新的、进步的。但明清古文派把散文弄成一种空洞的形式，所以应有又一新的解放运动产生，这运动不是骈文派所能担任的，“选学妖孽”不能救济“桐城谬种”，它们双方都待“白话文学”来清算。

周秦汉的散文

文学的产生从诗歌开始，所以汉以前的纯文学只有诗歌，至于散文，则都是记事说理的实用文，其中文学优美的，可看作杂文学。

梁刘勰《文心雕龙》认为五经是后世各种文体的根源，北齐颜之推所作《颜氏家训·文章》篇也说文章源出五经，韩愈、柳宗元一直到曾国藩又都崇奉五经为古文的模范。

照现在文学观点看，五经只《诗经》是纯文学，其他都是史书或卜筮之书，其中间包含了一些谣谚、故事或小品文，故仅可视为杂文学。经书以外，谈哲理的诸子之书也被人当作文学书，特别是《庄子》，包含许多寓言，最为人们所推重。

《战国策》一书，是纵横家的文章，以议论文而掺入许多故事譬喻，又有抑扬顿挫，为后世论说文的初祖，这可说是策士文学。

在历史文学中，《尚书》时代较早，文体特别古奥，后来改为之乎者也的文体，就是改用当时口语的白话文运动，可说是古代的文学革命。

《尚书》以后，《左传》及《国语》是历史文学中的早期佳作，汉代则有西汉司马迁的《史记》和东汉班彪、班固、班昭（彪系固之父，昭系固之妹）陆续写成的《汉书》。

哲理文学除《庄子》外，《论语》是孔门言行录，颇有文学意味，还有《荀子》《老子》《孟子》等，亦被后人推重，但《孟子》近于策士文，《荀子》则文章平实，更少文学意味。汉代则西汉董仲舒、扬雄，东汉王充都写了很多的哲学散文，但只扬雄有文学天才。

策士文到汉代变成了辞赋与疏表论议之文。辞赋前章说过，疏表论议，如邹阳的《上梁王书》、贾山的《至言》、贾谊的《治安策》《过秦论》（论秦朝的过失）、晁错的论政治书，仍然有周秦文纵横驰骋的作风，又如董仲舒的《天人三策》、公孙弘的《贤良策》、主父偃的《谏伐匈奴书》，则作风变得平实了。

西汉散文家除上述邹、贾等数人外，还有淮南王刘安、东方朔、刘向（著《新序》《说苑》《列女传》）、刘歆（著《七略》），而以司马迁为最伟大。东汉散文家还有蔡邕，而以班固为最著名。可是东汉的散文，形式渐趋于整齐，内容不及西汉文的生动，已经开了六朝文的端倪了。

后世散文家推重司马迁为第一大作家，因为他所作的《史记》有三种特色：（一）富于情感；（二）善于描写人物；（三）文字不古奥（引用《尚书》等古史，都翻译成为当时通行的文字），并且采用俗语方言。

六朝文

三国时的吴，晋时的东晋，南北朝时的宋、齐、梁、陈，都建都金陵，偏安江左，称为六朝。

六朝在江南风物秀丽的地方，士大夫习惯了浮华奢靡，在文学上于是形成了唯美主义的骈文时代。这一时代虽以六朝为代表，其实应当包括三国两晋南北朝的全部。

而所谓标准的六朝文，即骈文，在三国两晋时，还没有完全成熟，应当以南北朝为中心。在骈文初起的三国两晋时期，有几个可注意的散文家，即写《前出师表》《后出师表》的诸葛亮，写《陈情表》的李密，写《归去来兮辞》（这是韵文）、《桃花源记》的陶潜，写《兰亭集序》的王羲之。

南北朝也有几个散文家，如写《水经注》的郦道元及写《洛阳伽蓝记》的杨衒之。著名的骈文作家，是南朝的谢灵运、颜延之、沈约、任昉、徐陵，北朝的温子升、邢邵、庾信、王褒等，而徐、庾尤其是六朝文的最高峰。

在骈文时代，无论什么文章，如论说、书信、辞赋，通通用骈语写成，汉代的赋，到这时候也变成了骈语的小品文，最著名的作品，是鲍照的《芜城赋》、梁元帝的《荡妇秋思赋》、江淹的《恨赋》《别赋》以及庾信的

《枯树赋》《小园赋》《哀江南赋》等。就集骈文大成的徐、庾二人说，庾信的地位更高，因为他以南人而寄迹北朝，常有乡关之感，所以《哀江南赋》诸作，哀感动人。

六朝文在唐朝初年，还足以支配文坛，著名作家为王（勃）、杨（炯）、卢（照邻）、骆（宾王）四杰，王以《滕王阁序》著名，骆以《讨武曌檄》著名。又燕国公张说及许国公苏颋，也是骈文能手，其文章号称“燕许大手笔”。

骈文时代的文艺思潮，是唯美主义的，艺术至上主义的，沈约提倡“为文必协宫商”，即注重音调之美，梁昭明太子萧统所编的《文选》，选文标准也只注重形式美，他在序文中说，“事出于沉思，义归乎翰藻”，才可以算“文”。

当时以骈文为“文”、诗为“文”，散文为“笔”，从“文”“笔”两个名词，也可以看出轻视散文的心理。这种唯美主义的产生，是由于魏晋玄学清谈派颓废思想的流行，超现实的佛教思想的输入，汉魏辞赋传统作风的发展，各种因素汇合而成，而胡骑南下，六朝政治上苟安江左，没有打开出路，更是促成这种思潮的要因。

唐宋八大古文家

骈文及古文两个名词都是唐朝文学革新运动中产生的。所谓唐宋古文八大家是明朝人所选定，唐占两家，即韩愈、柳宗元，宋占六家，即欧阳修、王安石、曾巩及三苏（苏洵及其二子苏轼、苏辙）。

古文运动的主帅是韩愈（字退之，世称昌黎先生），后世说他“文起八代之衰”，八代系指东汉、魏、晋、宋、齐、梁、陈、隋。古文运动的产生，系因唐朝政治稳定以后，经济发展，社会事态趋于复杂，专讲形式之美而内容贫乏的骈文，不能适应客观的需要，加以佛学的输入，引起儒家的哲学兴趣，而经义注疏之学，又因政府提倡而兴起，这些说理或解释的文字，也不是呆板浮华的骈文所能担负。

自东汉以至唐初，文学一天天向形式美方面发展，最后完全成为风云月露的文字游戏，与现实脱离。韩愈提倡古文，以“文以载道”的口号（这口号到后世变成了道学气的文学观念，妨害纯文艺的发展），打击唯美主义的文艺理论，并且以继续先秦、西汉的传统为号召，但他并不是主张制造假古董，曾提出“唯陈言之务去”的原则。实际上所谓古文，只是从骈体解放出来的自由活泼的散体文字，这种形式的解放，在北周时即已萌芽，如苏绰用朴素文笔作《大诰》是，后来隋文帝也下诏禁止浮艳文字，提倡实录，唐初陈子昂及李华等也是不满意骈文，并作过散文的，到了韩、柳时代，古文运动便成熟了。

就韩、柳两人的文章看，韩的纯文学作品较少，论文较多，作风雄浑奔放，其抒情散文如《祭十二郎文》等亦甚好；柳的山水游记及寓言（如《种树郭橐驼传》《梓人传》《三戒》等）都是很好的散文，写得精致隽永，大约是受了《山海经》（周秦时记载传说故事的书）及《水经注》（北魏郦道元作的，描写风景很有趣致，为骈文时代的优秀散文作品）的一些影响。

唐代古文运动的人物还有李翱、张籍、皇甫湜等，作品不及韩、柳的好。

宋代第一散文作家是欧阳修，他的《泷冈阡表》《释惟俨文集序》《苏氏文集序》《江邻几文集序》《梅圣俞诗集序》《释秘演诗集序》《岘山亭记》等篇，都是很好的抒情之作。其余五大家，都是欧阳提拔出来的，但他们很少作文艺的散文，其中苏轼的作品比较好，但仍以论说文为多。三苏都长于论说，承继纵横策士的传统，苏轼最喜欢研究《孟子》《庄子》《檀弓》（《礼记》中的一篇），苏洵喜欢研究《战国策》及《韩非子》，当然受它们的影响。

除这数人以外，柳开是宋代古文运动最早的一人，其后又有苏舜钦等，至于文章做得好的，还有司马光、范仲淹等。宋代还有程、朱等理学家的“语录”文字，用白话写的，明代王阳明的《传习录》也仿这种体裁，后人称为“语录体”，这种文体原系佛家所创，古文家嫌其浅俗，相戒不采用。

明清两代的古文家

宋明间散文作者很少，只有金的元好问颇为有名。明清两代，散文作者很多。

明初期有刘基、宋濂、王祎、方孝孺。稍后有三杨（杨士奇、杨荣、杨溥），所作文称“台阁体”。因台阁体凡庸肤浅，而有李东阳及李梦阳、何景明的两次复古运动。东阳主张复唐宋的古，李梦阳、何景明则主张复秦汉的古。

后来有唐顺之、茅坤、归有光继起。顺之编印《唐宋八大家文钞》，茅坤更就唐氏所选之文加以圈点与批评。有光更进而评点《史记》，讲求所谓古文义法，替清代桐城派开了一条路。

归有光等对前后七子的复古运动不加赞同，另有徐渭（字文长），文章别具风格，理学家王守仁，文亦另成一家，都不附和七子。

后来又有所谓“公安派”与“竟陵派”。公安派的代表人物是公安人袁中郎（名宏道）及其兄伯修（宗道）、弟小修（中道），世称“三袁”，作风幽怪诡异，浅俗诙谐。竟陵人钟惺（字伯敬）、谭元春认公安体太浅率，故意创造孤僻的文体，号“竟陵体”。

近年新文艺家中的幽默派林语堂等，以“公安”“竟陵”的小品文为号召，创为一种文白夹杂的文体，喜插说俏皮话。其实这两派文学在文学史上并不怎样有地位。明代的散文作家，只有归有光是举世公认的代表人物，他最长于写家庭生活，代表作品有《先妣事略》《思子亭记》《项脊轩志》《见村楼记》《野鹤题壁记》等。

清初有几个作家，如王猷定、魏禧、侯方域等，因有明朝亡国之恨，写的散文颇动人。魏、侯二人与汪琬，世称“清初三家”，但汪琬是清代的官，立场不同，文字亦不及魏、侯。其次为钱谦益、吴伟业、龚鼎孳，虽号称“江左三大家”，文颇华而不实。此外还有彭士望、邵长蘅、施闰章、姜宸英、朱彝尊等，散文也都有名。

清朝中期的文坛，几乎为“桐城派”所独占。桐城派的名称产生于姚鼐（姬传）的时候，但它的历史是从方苞（望溪）开始。

方苞是安徽桐城人，他讲求古文义法，写的散文平正温雅有条理，后来他的同乡刘大櫆、姚鼐继承他的作风，于是当时有“天下文章在桐城”的话。姚鼐是桐城派大师，他的文章以韩愈为初祖，而认归有光与方苞为近世模范，当他主讲钟山书院时，著名弟子有管同、梅曾亮、方东树、姚莹等，都学他的文章，并且将所学的传授门徒或朋友，因此桐城派文人到处都是。

清末曾国藩也学习桐城派文章，但略有变化，后来还有吴汝纶、黎庶昌、薛福成以及译著家严复（严氏文章比桐城派更古奥）、林纾等继承桐城派。

在清代中期和桐城派相对抗的还有“阳湖派”，以阳湖人恽敬为领袖，还有张惠言、李兆洛等数人，其势力不及桐城之盛。这派也是受桐城派的影响而产生的，和桐城主张没有不同之处，作品也差不多。

可说自清中叶以至民国初年，大部分的散文作者都受桐城派的支配。但后期实在是曾国藩的影响。

所谓古文义法

桐城派讲古文义法，系受唐宋人理论，特别是明代人评点古文的影响。

方苞曾说语录中之语、汉赋中板重字法、魏晋六朝人之藻丽俳语、诗歌中隽语、南北史佻巧语，皆不宜入古文，这就是消极方面的义法。

姚鼐编了一部《古文辞类纂》（王先谦、黎庶昌各编有《续古文辞类纂》），他在序文中间说："凡文之体类十三，而所以为文者八，曰神、理、气、味、格、律、声、色。神理气味者，文之精也；格律声色者，文之粗也……学者之于古人，必始而遇其粗，中而遇其精，终则御其精者而遗其粗者。"

刘大櫆说："文多寡短长抑扬高下，无一定之律，而有一定之妙，可以意会，而不可以言传；学者求神气而得之于音节，求音节而得之于字句，则思过半矣。"

姚、刘所说，是积极方面的义法。

曾国藩更说得清楚，他认为作文以"行气"为第一条件，其次为"造句"，再次为"选字"，至于这三件事的标准则有两个，一是要"雄奇"，一是要"古雅"。他又指出三个条件的连贯性，说"未有字不古雅而句能古雅，句不古雅而气能古雅者；亦未有字不雄奇而句能雄奇，句不雄奇而气能雄奇者”。

我们再从古文评点家所指出的古文笔法看，在篇章结构或修辞上有所谓起、承、转、合，有所谓起、伏、照应，有所谓抑、扬、顿、挫，并且定出了许多公式。

章太炎是鄙视唐宋古文及桐城派，而提倡魏晋文的，但他的“古雅”主义比姚、曾还彻底，他写字必依《说文》，曾说作古文方法，是将可以省略的字尽量删削或改用最简单的字，最后必得高古的句法。

这种种的义法，都是束缚人们的思想情感，使之不能自由发挥的桎梏，特别是因为近代社会事态的空前复杂，与欧美学术的输入的缘故，非打破古文义法的重重限制，采用活泼自由的文体，不能适应事实上的需要。

古文在唐代，原本是一种新鲜活泼的文体，但发展到桐城派，又变成了一种形式主义的僵硬物，成为文学革命的对象了（曾国藩也说过“古文不宜于说理”）。

骈文的标准化及其支流

六朝时的骈文，形式不是固定的，是在变化发展过程中的，所以尚有雅丽自然的趣致。

到唐代时，政府以诗赋取士，朝廷章奏也用骈体，于是骈文就定型化了。在声律上、对仗上，都有一定的规则，用典故的地方特别多，所以唐宋以后的骈文，比得上六朝文的很少。

在唐代，最可注意的是陆宣公（赞）的奏议，用骈偶的旧形式，写政事的新内容，而能够详尽畅达，不露骈偶的痕迹，如他代德宗写的《罪己诏》，有“长于深宫之中，暗于经国之务……天谴于上，而朕不悟，民怨于下，而朕不知”等句，颇真挚感人，而流畅如散文。

宋代骈文开始有“四六”的名称，北宋的作家就是欧阳修和苏轼那两位古文家，南宋则有骈文专家汪藻、王安中、周必大、綦宗礼、洪迈父子等，诗人陆游、杨万里，理学名臣真德秀也会作骈文。

汪彦章（藻）为隆祐太后作《代皇太后告天下手书》，有“历年二百，人不知兵，传序九君，世无失德。虽举族有北辕之衅，而敷天同左袒之心”及“汉家之厄十世，宜光武之中兴；献公之子九人，惟重耳之尚在”等名句。

一般人认为，宋四六的特点是散文化，而且议论多，长联多，典故多。因为当时博学鸿词科考试四六，有“以一联之工，擅终身之官爵”者，所以作者很多。

明代不大盛行普通的骈文，但考试用的“八股文”也是骈文的一支派。

清代除八股之外，一般骈文也有很多作者。胡天游、洪亮吉、汪中是清中叶三大家。此外有陈维崧、毛奇龄、袁枚、吴锡麒（著《有正味斋骈文》）、孔广森、纪昀、阮元、刘开、王闿运（著《湘绮楼文集》，曾用庾子山原韵作《哀江南赋》，写太平天国事，酷肖六朝人作，一般人称为假古董）、张之洞（著《广雅堂骈文》，模仿宋四六）等。

民国以来，官绅应酬，还是以用骈文为客气，如黎元洪秘书饶汉祥，常作四六电报。

清嘉庆时，陈球用骈文写小说《燕山外史》，全书三万余字，是古今最长的骈文。凡作骈文，必研究《昭明文选》，这种研究称为“选学”。作骈文必多用辞藻，多记典故，那些专家平日读书必搜集材料，如胡天游死后，人家发现他床后有材料十竹篓。这表示着骈文成了文字的游戏，和“灯谜”“酒令”“诗钟”一样。

清代文人对于各种文字游戏，本来都有许多优美成绩。“诗钟”及“对联”是和骈文特别有关的。

八股文及对联

八股文又称“制义”，又叫“时文”，但宋代王安石所创的“制义”还不是“八股”，不过是用经书上的话命题，作一篇论说罢了，不一定对仗整齐，引证譬喻也不必废除，牵涉到题目下文，也不犯忌。

八股文的格式，是明宪宗成化年间才确定的。顾亭林《日知录》中记载颇详。

八股文的各部分有一定名称：（一）“破题”，即起首二句，说破题目的字面及其意义；（二）“承题”，申明破题的意思，限定三四句，至多五六句；（三）“起讲”，是一篇开讲之处；（四）“提比”，又叫“提股”，是起讲后入手之处；（五）“虚比”（虚股），是承接提比的，后人或用或不用；（六）“中比”（中股），须立柱分应，好像人体的胸腹部；（七）“后比”，把中比未尽之意再加发挥，或推开，或衬托，好像人体的两腿部分；（八）“大结”，是一篇的结尾。

中间各部分所谓“比”，就是整段作对，每两个形式相似的段落就构成一比，所以八股文是骈文的变种，但破承题、起讲、大结，都是散文。

周作人曾说：“八股不但是集合古骈散的精华，凡是从汉字特别性质演出的一切微妙的游艺，都包括在内。”

八股文的题目，有时候短到一两个字，只有半个句子；有时候长到一篇文章，例如“学而到为政”；有时候把上句和下句的上半截合起来，叫作“截搭题”，例如“学而时习之不”。做文章的必须恰好按照题目的范围，例如上面这个截搭题，不许说到“亦说乎”的意思上去。这种种束缚，够消磨知识分子半生的光阴与精力。

除八股文外，科举还得考试“试帖诗”和“律赋”。试帖诗是五言排律的体裁，篇末必须勉强凑上恭维皇帝的话，叫作“颂圣”。“律赋”是一篇有韵的四六文，所用的韵由出题人限定。这几种作品，说也奇怪，虽然是功令提倡的，仍向来不被文坛重视，各大家（无论古文家、骈文家）诗文集中绝不收进去的。

“对联”起源于五代，宋、元、明各代也稍稍流行，但到清代就很盛行。道光年间，梁章钜著《楹联丛话》，收集了许多联语。

郑燮（板桥）、纪昀、曾国藩都是联语的名作家。曾氏挽联尤为著名，例如他挽弟国华云：“归去来兮，夜月楼台花萼影；行不得也，楚天风雨鹧鸪声。”情韵岂减于六朝？与曾同时的彭玉麟，集唐人诗句题泰山云：“我本楚狂人，五岳寻仙不辞远；地犹邹氏邑，万方多难此登临。”对得何等工整，而又显得自然，文字游艺的巧妙，可见一斑。

五四运动以后，提倡白话文的人也作白话对联，清华大学且曾以对对子考试学生，可见对对子已成了中国文人的积习。其实这是骈文遗留下来的纤巧作风，如果有提倡“文以载道”的韩愈再生，一定会反对这种人工雕琢的形式美的追求。

文艺论评

文艺理论及批评，可说是从魏文帝曹丕开始。曹丕的《典论·论文》篇，是著名的文评，世称的“建安七子”，就是从他创立的称号（七子）而来。

晋代陆机（士衡）著《文赋》，是用辞赋来写文艺论文。又有挚虞，著《文章流别论》，分析各种文体。

但有系统的专书，要从梁刘勰的《文心雕龙》开始。这部书内容是文学原理兼文学史和文学批评，是颇重要的著作，可惜是用四六文写的，有些晦涩芜杂的毛病。同时有钟嵘著《诗品》，品评汉魏以来的诗。任昉著《文章缘起》，说明各种文体的起源。

北齐颜之推的《颜氏家训》有《文章》篇，也是文评之作。

后来唐代人司空图作《诗品》，泛论诗歌的各种风格；释皎然作《诗式》，是讲诗的形式与作诗方法；孟启作《本事诗》，是讲诗人逸事。

宋代欧阳修作《诗话》，以后作诗话的多得很，只严羽的《沧浪诗话》最有条理。

明代郎瑛的《七修类稿》、杨慎的《丹铅录》、胡应麟的《少室山房笔丛》，其中都有文学批评及文学考证的话，但都是“博而不精”。清代的

"诗话""文谈"也不少，如王士祯的《渔洋诗话》、施闰章的《蠖斋诗话》、徐釚编的《词苑丛谈》，都很好。袁枚的《随园诗话》，内容较杂。吕璜的《初月楼古文绪论》及刘熙载的《文概》是专论文章的。

清初有一最可注意的批评家，就是金圣叹（原姓张，改名金人瑞，字圣叹），他把《水浒》《西厢记》和《庄子》《离骚》《史记》《杜诗》并称为"六大才子书"，见解与一般古文家不同。

清中叶有一最可注意的文艺理论家，就是章学诚。他在《文史通义》一书内论文学，注重内容而不强调形式，例如讲诗，就注意诗的情感而不大着重声韵，他说诗文如果去其辞藻声韵，翻成俗语，还有其不可磨灭的内容在，便可以算是佳作，这比章太炎的有韵就是诗的见解高明多了。

清末的文艺批评家，最著者是王国维，他著的《人间词话》内容很好。

文体解放和文学观念的变动

晚清欧美思潮输入，文体趋于解放。

首先发生变化的是龚自珍的文章，得有“剑拔弩张，全是霸气”的时誉。

后来梁启超写政论，打破一切古文义法，输入许多外来语及外国语法，又写得通俗易解，成为所谓“报馆体”的文字。

黄遵宪则用新名词写诗，打破过去的诗规律。

到民国初年《新青年》杂志发表陈独秀的《文学革命论》、胡适的《文学改良刍议》，一方面反对雕琢、陈腐、迂晦、艰涩、阿谀贵族、脱离大众的旧文学，提出“八不”的主张：（一）不用典；（二）不用陈套语；（三）不讲对仗；（四）不避俗字俗话；（五）须讲求文法（以上形式方面）；（六）不作无病之呻吟；（七）不模仿古人，须语语有个我在；（八）须言之有物（以上精神方面）。另一方面正式提出拿白话来代替文言，建立现代国语的文学，于是“桐城谬种”“选学妖孽”都成了攻击的对象，而文体解放也获得了伟大的成就。

在这个过程中，文学的观念也大有变更，过去以论说文为文学作品，而小说、戏曲不能算作文学正宗，现在则采用西洋观点，以诗、小说、戏剧为文学正宗，散文仅承认抒情小品及讽刺杂文等为文学作品。而且认定一代有一代的文学，我们不必作旧诗，填词，写古文和四六，这都是制造假古董。我们对于古人作品的研究，只是对文学史的探讨，以及风格、意境与描写手法的吸收罢了。

第十二章 新被重视的文学

戏曲的摇篮期

我国过去没有话剧，旧剧都是歌剧，每剧由几种乐曲合成，将说白与动作穿插进去，这种戏剧的建立在元代，而剧本的创作也成为元代文学的重心。

元代以前，只有类似戏剧的歌舞。远溯到周秦时代，只有：（一）民间祀神的巫歌，例如《楚辞》中间的《九歌》就是祭祀“东皇太一”“大司命”“少司命”等神时所唱的歌词；（二）宫廷中的滑稽表演，例如楚国优孟化装扮成孙叔敖的样子，为叔敖的儿子说情，这种表演有时仅是讲讲笑话，目的是供国君娱乐，但也可讲时事、进讽谏；（三）宫廷中的盲人唱诗，用意和滑稽表演讲笑话差不多。

此外民间的跳舞，如现在苗瑶的跳月一样，古代大约也必定流行的，跳舞时所唱的情歌或即《诗经》中《国风》所包含的那些。但这些歌舞，都不表演故事。

至于合歌舞以表演故事，直到南北朝至唐代之间才相当流行，如“大面”（或作代面，是戴假面具表演，创自北齐）、《钵头》（表演一人上山寻父尸的故事）、《踏摇娘》（表演一妇人受夫虐待的故事）、《樊哙排君难戏》（表演《鸿门宴》的故事）等，因为用歌舞表演故事，与普通歌舞不同，可以说是歌舞戏，但情节还是简单，以唱歌为主。

敦煌石室又发现唐代的通俗唱本，叫作“变文”，所唱故事如目莲救母等，是后世编剧本的根据。

宋代上流社会中流行一种“鼓子词”，最著名的是赵德麟的《元微之崔莺莺商调蝶恋花》，系用十首《蝶恋花》词以咏《会真记》的故事，这种叠词，有管弦伴奏，且合鼓而歌，所以叫“鼓子词”，这种鼓子词只有歌唱而不配合跳舞，近于戏曲的清唱。另有配合跳舞的，叫作“传踏”（亦称“转踏”或“缠达”），演时由男女两队歌者带歌带舞。又有“曲破”“大曲”“鼓吹曲”“赚词”等，都兼歌舞，但用曲比较复杂。

用曲更复杂的就是“诸宫调”，这种形式已接近“元曲”，在民间流行，对后来戏曲的影响颇大。

除歌舞外，宋代已有“杂剧”，不过比元代的杂剧简单。北宋杂剧还只限于滑稽嘲笑。到了南宋，杂剧就是搬演故事，有唱曲和说白，剧中角色也比较复杂，剧本据说有二百八十余种，现在全部失传。

金末有董解元的《弦索西厢》（又叫《西厢㨃弹词》），也是元人戏剧的先驱。“弦索”是调名，创始于金，是由一个人弹琵琶，念唱白口及歌词，但没有舞。由董解元《弦索西厢》变成元代王实甫的《西厢记》，就是配合了“科介”（动作）的剧本，而中国的戏曲便完成了。

元以前的戏剧都是叙事体，到元剧就进为代言体了。

戏曲的成长期

元明清三代是中国戏曲成长时期，而在文学上看，则以元代的戏曲为地位最高。

元代戏曲的主要作者是关汉卿（代表作为《窦娥冤》等）、王实甫、白朴（代表作为《梧桐雨》等）、马致远（代表作为《汉宫秋》等）、郑光祖（代表作为《倩女离魂》等）、乔吉等（关、白、郑、马称“四大家”）。现在最流行的《西厢记》是王实甫作，为元曲代表作品之一。

元曲作品存有目录的有五六百本之多，全文保存的有百余本，《元曲选》所收为一百本。自董解元《弦索西厢》以至这些“元曲”都是用北方方言写的，被称为“北曲”（金称“院本”，元称“杂剧”）。

元末永嘉人高明（则诚）因南方人不懂北方方言，又创作《琵琶记》，称为“南曲”。

到明朝，北曲衰落下去，唱法也失传，只有南曲盛行，一直到清代。现在所谓“昆腔”，就是南曲的一个支派。

昆曲系明代嘉靖、隆庆年间，昆山人魏良辅为同邑梁伯龙《浣纱记》一剧制谱时所创，腔调的流丽悠扬超过原有的南北曲，所以风行颇久，现在流传的“曲”的唱法，也就只有这一种，如《桃花扇》《长生殿》都是唱昆腔的。

明代戏曲作家以徐渭、李月华、汤显祖、阮大铖等为最有名，代表作是汤显祖的《牡丹亭》（《玉茗堂四梦》之一），阮大铖的《燕子笺》。清代的南曲著作，如孔尚任的《桃花扇》、洪昇的《长生殿》也极有名，其次则有李渔、蒋士铨、黄燮清诸人的作品。

将南曲与北曲加以比较，大致可发现以下的数点区别：

（一）北曲差不多都限于四折（折是剧中段落，南曲称出），南曲则不限制出数，可以多至数十出。

（二）北曲全曲由一个主角独唱（限于正旦或正末），其他杂角只有说白。南曲则凡登场人物，均可唱曲。

（三）北曲每折一调，一韵到底，南曲则一出不限一调，并且可以换韵。

（四）北曲多用楔子，南曲不用楔子，只在第一出说明全篇大意，称为开场。

（五）北曲篇末都有题目正名，南曲只有下场诗。

（六）北曲的角色仅九种，南曲的角色则加多。

元曲亦称为杂剧，明清人的南曲剧本凡长篇的，称为“传奇”，又称“南戏”或“戏文”，短篇的也叫杂剧，或“南杂剧”，无论南北曲，都有所谓“小令”“散套”。这两种东西都不是剧本，因为没有科白，只有唱词。前面所说的散曲，就是这两种东西。小令相当于曲中的一支（单调），篇幅很短，少有百字以上的，和“词”相像。散套是合若干单调而成，相当于曲中的一折，又称套数。

我国从前的戏剧，除“杂剧”“传奇”外，还有“地方戏”。清初民间盛行的地方戏，有所谓“二簧调”，又称“湖广调”，是湖北的地方戏，据说因黄冈、黄陂两县而得名。有所谓“秦腔”，又称“西皮”，又称“梆子”，是陕西戏。又有江西的“弋阳腔”，安徽的“徽调”。

乾隆以后，各地方戏集中北京，变化为“京戏”（平剧），洪杨一役后，京戏代替了昆曲的地位，一直流行到现在。广东、福建的地方戏，则始终是独立的，没有加入京戏。

京戏的剧本，大都是由昆曲略加修改而成，或全盘抄袭梆子腔的。只有余治的《庶几堂今乐》，是皮黄戏的创作剧本，原有四十种，现在流传的只二十八种，今日剧场中常常演着的《朱砂痣》就是其中的一种。

唐以前的小说

周秦时代所谓小说（《庄子》有“饰小说以干县令”的话）内容究竟如何，不得而知，但诸子书中的寓言与神话、传说多有像小说的。

刘歆《七略》中开始有小说家的名称，但所列的书后世不传，大约是一些传说故事的记载。

刘向所著《新序》《说苑》《列女传》等书，也许就是根据那些故事编成的，现在流行的《孟姜女故事》就包含在《列女传》里面。

晋代流行的《山海经》是一种古小说，也许是周秦时代传下来的。又有一种名《穆天子传》，是在汲县魏安釐王古墓里面发现的。这两种书，都有郭璞的注解，郭是晋代博学的人。

晋以后托名汉代人写的小说，有《西京杂记》《汉武内传》《飞燕外传》等。晋及南北朝人创作的有干宝的《搜神记》、葛洪的《神仙传》、刘义庆的《世说新语》等，前两种是若干传说故事的汇辑，《世说新语》是晋、宋间的名人逸事。

这类的小说，到唐代就演变而为“传奇”（这和戏剧中的传奇，同名而异实）。“传奇”的形式是短篇小说，内容多半是佳人、才子、英雄、侠客的故事，也有讲神仙故事的。代表作品有《虬髯客传》（作者或说是张说，或说是五代时杜光庭），写李靖遇见红拂女与虬髯客的故事；《枕中记》（沈既济撰），写神仙故事；《会真记》，写张生与崔莺莺恋爱的故事（元稹著，是《西厢记》的根据）；《柳毅传》（李朝威著），写柳毅代龙女传书的故事，都写得很好。

唐代“传奇”的产量很多，比较有名的还有《南柯记》《红线传》《章台柳传》《步非烟传》《长恨歌传》《李娃传》《霍小玉传》《梅妃传》《离魂记》等，其中典故常为后世文人所用。

除“传奇”外，唐人还有笔记式的小说，如《集异记》《幽怪录》之类。还有文集中的短篇小说，如韩愈的《毛颖传》，柳宗元的《梓人传》《种树郭橐驼传》等，从前是认为古文，不算小说的。至于算作小说的，都收入《唐代丛书》《唐人说荟》等集子。

宋元明的小说

一般地说，唐以前的小说都是文言的，是杂记式的，只不过间常有些可称为短篇小说的罢了。到宋代才有白话长篇小说的雏形。

从前的文坛看不起这一类的小说，所以《四库全书》小说一门，只有“杂事”“异闻”“琐语”三类，都是杂记式的文字，而没有结构复杂、篇幅巨大的新型小说的地位。

本来通俗文学，起源于唐代，如上述的“变文”以及敦煌石室所发现的散文、白话小说的断片都是。不过到宋代，才正式有普遍流行的“话本”。

话本又称“评话”或“平话”，是“说话人”所用的底本。“说话”就是“说书”，又称“讲史”，又称“演史”。

宋代人的话本流传到现在的有四种：（一）《大宋宣和遗事》，记徽宗、钦宗时事，《水浒传》中宋江等三十六人的来历就包含在这部书里；（二）《新编五代史平话》，讲五代史事，清光绪年间发现影印宋残本，才流传于世；（三）《京本通俗小说》，也是最近出现的影印宋残本，存第十卷到第十六卷，其中包含若干短篇小说；（四）《大唐三藏取经诗话》，系罗振玉根据日本所藏宋刊本影印的，这书是《西游记》的根据。

宋代的“平话”继续演化而成元代的演义或章回小说，最重要的是《水浒传》和《三国志演义》，与《西厢记》《琵琶记》合称为“元代四大杰作”，这两种书流传的本子不止一种，大概经过许多人的陆续修改，世传施耐庵作《水浒》，罗本（贯中）作《三国演义》，也许施、罗的本子是最后的修订本。

到明代，“平话”又继续发展而产生了《列国志演义》及《西游记》等书。明代章回小说多讲神怪故事，如《封神榜》写武王伐纣，《三宝太监西洋记》写郑和出使南洋，里面都夹杂了神怪故事，近人称为“神魔小说”。

像宋代《京本通俗小说》那样的小说在明代也很多，如《醒世恒言》、《喻世明言》、《警世通言》（以上都是冯梦龙所作，称为“三言”）、《拍案惊奇》、《照世杯》等。这些小说，中国多已失传，而流传于日本，但另有一种选本，就是《今古奇观》。

明代小说作者，多半隐名。演义体小说仍有话本作用，“说书人”的专门职业还是有，例如柳敬亭，是明末清初的著名说书人。

明代有一部写得很好的社会小说，就是《金瓶梅》，这书系取《水浒传》中西门庆与潘金莲的一段艳史作为骨骼，再添几个人物，扩成百回，描写人情世态、富家生活，颇为深刻。元代的《水浒传》《三国演义》和明朝的《西游记》《金瓶梅》，合称“四大奇书”。

清代的小说

清代有一些小说，比元明更进步：一则所写的题材，多半是日常生活，与从前专讲稀奇古怪的故事不同；二则注重描写，与从前“说话”体不同。

例如曹雪芹的《红楼梦》写贵族的家庭生活，吴敬梓的《儒林外史》写科举时代的文人生活，都写得很深刻。

后来学《儒林外史》的有吴沃尧的《二十年目睹之怪现状》，刘鹗的《老残游记》，李宝嘉的《官场现形记》等，以刘书为最好，吴书次之。

又有韩子云的《海上花列传》，写妓女生活，也很逼真，是用上海话写的一部方言小说。这些写实派的小说，清以前只有《金瓶梅》可以比拟。

此外有李汝珍的《镜花缘》，以女子作中心，并创造海外许多奇怪的地方，如“大人国”“小人国”“女人国”“君子国”“两面国”等，包含很深刻的讽刺。文康的《儿女英雄传》，也以女子作中心，写十三妹救安公子的故事。

石玉昆的《七侠五义》以及仿效它的《施公案》《彭公案》等，都是写侠客英雄传的传奇式小说，仍不脱宋元“说话”式的作风，其以续书而有独立的价值者，则有俞万春的《荡寇志》，这书是续《水浒》的，以女子陈丽卿为中心人物，写剿灭梁山泊诸英雄的故事。

写妓女的还有俞达的《青楼梦》、魏子安的《花月痕》，都不及《海上花列传》，不过《花月痕》前半部还写得哀怨动人。

清末的小说，除上述吴沃尧、刘鹗、李宝嘉诸人的作品外，还有曾朴著的《孽海花》，以洪钧及女子傅彩云为主人公，多叙当时文人逸事，也还写得真切。清代尚有晋唐式小说，如《聊斋志异》《阅微草堂笔记》等。

宝卷、弹词、鼓词

“宝卷”是明代及清初的一种唱本，内容是讲因果报应和佛教故事，属于劝善书类，而不少具有文学价值之作，可分为佛教故事、神道故事及一般民间故事三类。

佛教故事如《目连救母出离地狱升天宝卷》《香山宝卷》是；神道故事如《蓝关宝卷》《吕祖度何仙姑因果宝卷》是；一般民间故事如《孟姜女宝卷》《白蛇宝卷》《正德游龙宝卷》是。

“弹词”流行于南方，“鼓词”流行于北方，都是用乐器伴奏的唱本，现今都很流行的。

弹词可分国音的及土音的两类。国音的如《凤凰山》《天雨花》《再生缘》《笔生花》等。土音的如吴音的《玉蜻蜓》《三笑姻缘》《珍珠塔》，最为流行。

鼓词大部分是讲战争和国家兴亡的故事，如《杨家将》《三国志》《忠义水浒传》等，也有讲风花雪月的，如《珍珠塔》《宝莲灯》《蝴蝶杯》等。

弹词演唱时以琵琶为主乐，鼓词则以鼓为主乐。这几种东西都是从唐代“变文”演变出来的。

变文的体裁是“讲”而兼“唱”的。讲的部分多用当时的白话，也有用骈体文的。唱的部分以七字句为多，也有夹杂着三字句的，五字句、六字句就很少见，所用韵式，现在还保存在弹词和鼓词里面。

变文的讲唱，最初限于庙宇，内容只有佛教故事，后来（宋真宗时）讲唱历史故事或传说人物以及时事，却转入“瓦子”（游艺场）中去了。非佛教故事的变文，如《伍子胥变文》《王昭君变文》等是讲古事的，如《西征记》是讲时事的。《西征记》内容不佳，只是歌功颂德之作。

从“变文”以至“弹词”“鼓词”，都是民间文学，它们都是受佛教影响的，就是讲兼唱的体裁，也受了印度文体的影响。

中国文学与东方诸民族的相互影响

从上节所说看，佛教对于我国俗文学的影响颇多，其实士大夫的文学也受了它的影响。

第一，是文学用语的扩充。例如孟浩然诗，“导以微妙法，结为清净因”；柳宗元诗，“闲持贝叶书，步出东斋读”；白居易诗，“不如学无生，无生即无灭”。微妙法、清净因、贝叶书、无生无灭，都是佛教中的语汇。又如“塔”“僧”“忏悔”等字，用得更普遍。由汉至唐八百年间，佛经译述者所创造的语汇，包含三万五千多个词，有一部分是采掇华语而另给一新的解释，如“真如”“众生”“因缘”“果报”等，有一部分是音译梵语，如“涅槃”“刹那”等。这种语汇的增加对于文学自不能没有影响。

第二，是语法及文体的通俗化。这是矫正绮丽及古雅的积习的药石。法护、鸠摩罗什等人所用的散文大概是根据当时人的口语。又佛教的偈，质朴与民歌相似，唐代且有寒山、拾得等白话诗人。禅宗语录更是宋儒语录的范本。

第三，佛教文学极富于想象力，它给予晋代到唐代间的志怪与传奇小说之创作以刺激，就是明代的神魔小说，也和佛教有关。甚至描写社会现实的《金瓶梅》《红楼梦》等小说，也包含了佛教思想，如西门庆遗腹子孝哥的出家，贾宝玉跟随和尚、道士而去，都是看破红尘的出世观念之强调。唐宋诗人，思想受佛教影响的也不少，王维、苏轼等更显著。

第四，我国音韵学的产生，显然是受了印度的影响，这件事对于骈文及律诗的成立有密切的关系。除印度方面的影响外，西北民族对我国文学也有相当的影响，如乐府中所收的民歌，有一部分是“五胡乱华”时期外来民歌的译作，例如《琅琊王歌辞》《陇头歌辞》《折杨柳歌辞》等。南北朝时，文学作品的风格显然不同，“江左宫商发越，贵于清绮；河朔词义贞刚，重乎气质”（《北史·文苑传》）。这种质朴刚健的作风就是西北民族输入的。后来唐代诗人的边塞诗，也有这种气派。南北朝隋唐间的歌舞戏，也有外来的影响，如《钵头》是西域民族的故事，《康老子》一戏与波斯有关系。又唐人《宣室志》里有陆颙入海求宝的故事，近人指为从阿拉伯输入的。中国的乐府诗及词曲文学，与音乐有密切关系，而音乐，自汉以来，即有陆续由西域或印度输入的新声与新乐器，如箜篌、琵琶、觱篥等乐器都是外来的，特别是琵琶，占着主要乐器的地位，它是由阿拉伯辗转传来的。近代戏曲，又受金元的影响，如胡琴等乐器亦自蒙古而来。

另一方面，中国文学，自隋唐时代就给予高丽（朝鲜）及日本以影响。高丽人及日本人能作中国诗的很不少。日本人所辑《全唐诗逸》，载了许多高丽人的诗。俞樾所辑的《东瀛诗选》四十四卷，收日本五百余诗人的作品，元明以来的作者居多。元及清代，蒙古人、满族人到内地来，接受了中国传统文化的影响，有些能创作汉文诗词的，如萨都刺、纳兰性德是最有名的。但宋元时期，中国对日本、朝鲜，因交通阻隔，文化上没有关系，到明清时代才恢复联络。在这一时期，中国文学不但对日本、朝鲜输出（同时又从日本取回一些失传了的书），而且影响到安南等地。

中国文学与西洋文学的关系

中国人把西洋文学输入，是从清末开始，最主要的译述是古文家林纾，他译了小说二百余种，都是用古文翻译的，他自己不懂西文，是别人口述，由他笔述的。其次是伍光建，他译了《侠隐记》及《续侠隐记》。诗歌的翻译，则有王韬、马君武、苏曼殊、辜鸿铭等所译的《马赛歌》《拜伦：哀希腊诗》等。剧本有在光绪年间译的《夜未央》等数种。

中国文学名著译成西文的很多，如《诗经》《离骚》《史记》《红楼梦》《水浒》《三国演义》《元曲选》的大部分，及李白、杜甫等人的一部分诗歌，都有西文译本，多半是西洋人翻译的。

民国以来，中西文学交流的情形更为显著，而中国所受西洋的影响，尤其值得注意。

我们在上章里面说过的文体解放和文学观点的变更，都是由西洋影响而来，因为在西洋诸国，言文是一致的，文艺多是用现代语，写现代题材，而小说、戏剧又和诗歌同样为文学的主要部门。

这一种影响开始于清末，如林纾的翻译西洋小说，即可见一般人对小说的重视；清末许多创作小说的人，也不再是无聊消遣或作儒家道德说教及佛教出世思想的表现，而是把小说当作社会教育的利器。当时新派知识分子对戏剧也有这种看法，所以有春柳社等剧团产生。

到五四运动时期，便更进一步尊重小说、戏剧的文学地位。同时在这种新的趋势之下，对过去中国文学的研究便成为文学史的研究工作，而不是旧时代文学作品的仿造。

清末及民初的文学史著作以王国维的《宋元戏曲史》及鲁迅的《中国小说史略》为最足注意，因为他们是用新观点来看戏剧和小说，用新观点来看文学，在过去的中国文人中，没有把戏曲史或小说史的研究当作一种专门学问的。

胡适的《白话文学史》以及后来郑振铎的《中国俗文学史》，更是把过去文人向来非常轻视的语体文与民间文学加以特别注意。

我们如果想理解中国固有的文学，单单读读《昭明文选》或《正续古文辞类纂》之类是不够的，必须读读王、周、胡、郑诸氏的这几部史书，才会有合理的认识。

第十三章 科学及艺术

自然科学在国学中的地位

向来讲国学的是把自然科学除外的，如清末士大夫主张“中学为体，西学为用”，即认为自然科学是西学，而中学则不过是经学、史学、理学、词章之学罢了，章太炎也说国学只包含经学、哲学、史学、文学，并不包含自然科学，这表现了我国自然科学在学术地位上的低微。

其实我国并不是完全没有自然科学，不过是自然科学没有形成理论的体系，也没有分门别类地独立地发展，换句话说，即没有发展成为近代欧洲那样的自然科学罢了。

在我国文化猛进的周秦时期，自然科学的发展相当快，但经过汉至清的两千年文化缓慢发展时期，过去的科学传统已经衰微，近数百年欧洲科学发达的时期，又因为中西交通的隔绝而不能随时接受欧洲的影响，所以直到清末西洋科学输入以前，我国学术界没有给自然科学以重视。

但在过去魄力较大的学者，对于自然现象的研究，也曾于研经习史的余暇加以注意，特别是与“敬授民时”有关的天文学，与制礼作乐有关的音乐理论（律吕学），以及与天文有关的数学，颇有人当作经学或史学范围内的专门之学来研究。

所以中国社会如果有进一步的发展（指西学输入以前），自然科学就可能从经学、史学里面分化出来，而取得独立的地位。

我们现在研究我国固有的自然科学，主要的意义是把它当作文化史的一部分来考察，而不是要在这里面寻求现代科学所没有的东西。这正和我们研究中国文学一样，不是要学习作旧诗、填词、作曲，而是要研究中国文学的发展史。

自然，我们在祖先的学术遗产中，仍然可以接受若干宝贵的经验，如文学上的表现手法等，而自然科学，虽则贫乏，也未必没有这种附带的收获的可能，例如医药学中的特殊疗治方法，也许可以补充现代医药学的缺陷。

天文学和历法

中国天文学的研究开始得很早。《尚书·尧典》上有“三百有六旬有六日，以闰月定四时，成岁”的话，证明在春秋战国时期以前（《尧典》大约是战国时人所作），我国人已经知道太阳历的一年，即三百六十六日弱，而对于依朔望计算日期之太阴历，采用闰月的补充，使其符合季节的变化。

我国古时确定季节的变化，是用夜间观察星辰的方法，所认为标准的星辰有“参”“大火”“北斗”等。到周初以至春秋中期，则采用“二十八宿法”。这个方法，是将黄赤道附近一周天，按照月球的运动行程，以显著的星象为目标，区分成二十八个不等部分，称为二十八宿，然后由观测新月以后月的位置之变化，依照它的比例，从新月的位置倒数二日行程，而决定这个二十八宿的回溯点，为日月合朔时之月的位置，亦即太阳的位置。从这样认出的太阳的位置而知道一年间的季节，比较以前的观察是精确多了。

在春秋中期又采用了“周髀”（髀者股也，直角三角形底边为股）的日影观测法。这就是直立一棒而观察日午时的影长，而以最长、最短的距离为日至（冬至与夏至）。由这种观测而决定的节气比以前的方法更精确。并且根据它而以冬至为一年之始，采用了冬至为正月的历法。

到春秋后期，十九年七闰法成立，历法的时代正式开始。

战国时代，计算闰月，又采取了七十六年法。战国中期，开始用岁星纪年。五星运行的观测，恒星天的测定，星经的编纂，五行学说的倡导，都在战国时代。

前汉末年，天文家有“盖天”“浑天”的理论争执。盖天说者认为天在上，地在下；浑天说者认为天包于外，地居于中。前汉扬雄主张浑天说，后汉王充是一个盖天说者，而张衡是浑天说者。张衡曾创制浑天仪，又创地动仪以测地震。

唐宋时代曾出现过几次新的历法，但天文学没有可注意的发展。直到元代郭守敬的《授时历》，测验才有些进步，据说是受了阿拉伯的影响。明万历至清康熙之间，欧洲教士利玛窦、熊三拔、汤若望、南怀仁等输入欧洲天文学（仍是地球中心说），才引起我国天文学的大进步。明天启、崇祯间，于是有徐光启所主持的大统历改革，清康熙帝因之撰《律历渊源》，梅文鼎又著《历算全书》。

数　学

数学是随着天文学与测量术而发展的，它在中国科学中是最完全独立发展的部门。大概在春秋战国时期就产生了数学，如别墨派遗留在《墨经》上的记载，就包含了若干几何学的定义和定理，如（一）平面的定义；（二）等长线段的求法；（三）圆的中心在于距圆周同长的点上；（四）圆至其中心同长；（五）不平行的二直线必相交；（六）正方形四边相等，四角相等等。又别墨派及公孙龙言论中都说过“一尺之棰，日取其半，万世不竭”的话，可以看出表示无限等比级数的概念。

清修《四库全书》时，戴东原所校订的“算经十书”，是现存的最古算书，这十种书是：

（一）《周髀算经》是前汉末至后汉初出现的，相传是周朝的书。

（二）《九章算术》是后汉时代出世的，相传为周公所作，其中载有分数、最大公约数的求法、百分法、开平方、开立方的算法，一次联立方程式的解法。

（三）《海岛算经》是测量术的书籍，著者是魏时的刘徽。刘徽对《九章算术》也作了注解，注解中包含根据几何学而解二次方程的方法，开平方立方之小数计算，圆面积并圆周的算法，角锥体的体积算法等。

（四）《孙子算经》，三国末期出现。

（五）《五曹算经》，亦三国末期的书。

（六）《夏侯阳算经》，南北朝末期的书。

（七）《张邱算经》，南北朝末期的书。

（八）《五经算术》，北周甄鸾著。

（九）《数术记遗》，题名汉徐岳撰，疑是甄鸾伪记。

（十）《辑古算经》，相传为唐人王孝通作。

我国圆周率发明很早，前汉末年刘歆即使用过，经过后汉的张衡、魏的刘徽，到南齐祖冲之，乃定圆径比圆周为一一三比三五五，圆周率在三点一四一五九二六与三点一四一五九二七之间，这是五世纪时世界最精密的圆周率。

唐宋间算学没有什么进步。宋元间则有秦九韶的《数学九章》，李治的《测圆海镜》《益古演段》，朱世杰的《算学启蒙》《四元玉鉴》等书。我国很早发明的算木计算法，一直沿用到元代。李治的“天元术”（一元高次方程）、朱世杰的“四元术”（四元方程）均用算木代表未知数。这种器械的代数学到明代已不能再发展，于是算盘代替了算木的地位而普及起来。“九九歌诀”也随着出现。

欧洲人利玛窦等，及我国科学开创者徐光启等将欧洲的《几何原本》《八线表》等介绍到中国来，当时并没有为我国算学家所直接采用，到清初，才因这种影响而有符号的代数学之产生，而有梅氏兄弟的历法与算学的专著出现（梅文鼎著书八十余种，包含代数及三角等，开始用笔算演算），清圣祖御制的《律历渊源》和《数理精蕴》也包含欧洲的历学与数学。

物理学及化学

物理学在周秦时代或者曾经一度产生，现存《墨经》中就有讲光学的，包含（一）光必直行，光入密室，经小孔，则下影在高处，高影在下处；（二）光的复射，使影模糊，木斜则影短大，木正则影长小；（三）镜上有端与光，则聚于“影库”（焦点）；（四）凸球面镜生虚像；（五）凹球面镜的影必倒立；（六）凹镜像之大小及正倒，因物件远近而异，鉴者近中（在球心焦点间或焦点内），则所鉴大，影亦大，远中（球心以外）则所鉴小，影亦小；鉴立影，一小而倒（球心外者），一大而正（焦点内者）诸点（详陈文涛《先秦自然科学概论》）。

秦汉以后，此学中绝。

明代西洋教士东来以后，西洋物理学颇有一二种著作介绍，如汤若望的《远镜说》，述远镜的用法、制法及原理；熊三拔的《泰西水法》，述取水、蓄水各种机械；王徵、德国传教士邓玉函合作译成《奇器图说》四卷，第一卷讲重心、比重，第二卷讲杠杆、滑车、轮轴、斜面，第三卷讲应用原理以起重、引重、转重、取水及用水力代人力诸器械；邓玉函又著有同类的书。

但此项介绍，竟没有引起中国学者的研究兴趣，形成像天文、数学一样的继续的发展。

由晋至唐时期，道教的炼丹术，有一种是用水银炼制长生不老的药物，唐太宗、高宗等许多皇帝都曾服过这种药，因中毒而死。这种炼丹术和西洋的点金术相类似，可视为化学的先驱，但西洋点金术变成化学，而中国炼丹术竟没有进一步的蜕变。

物理及化学毫无发展，是中国自然科学幼稚的一大特征。

医　学

医学是我国人至今还有些自夸为国粹之一的。相传神农尝百草、黄帝咨于岐伯而作《内经》，都不足信。春秋时的扁鹊是一位名医，但流传下来的《难经》是不是真系他的著作，也是问题。

现在国医所崇奉的古典著作，除《素问》《灵枢》《难经》《神农本草经》外，以东汉张仲景的《伤寒杂病论》及《金匮要略》为最重要，《金匮要略》与黄帝《素问》、扁鹊《难经》被称为医学“三典”。

《素问》大半是讲五行和运动的，《灵枢》是讲针灸的，都是《内经》的一部分，《难经》讲脉诀的，是《内经》的一部分撮要。东汉又有蔡邕著《本草》，涪翁著《箴经》。其后西晋时王叔和著《脉经》，亦为名著。

唐代有孙思邈著《千金要方》，于志宁与李勣修订《本草》，甄权撰《脉经》《针方》《明堂人形图》各一卷，其弟立言撰《本草音义》七卷、《古今录验方》五十卷。

宋代医学的编著很多，印行尤普遍，当时《本草》所载药物计九百八十三种。

金之刘完素也有医学著作。金元之际，有李杲（东垣）著《内外伤辨惑论》《脾胃论》，颇有名。

元有朱震亨著《格致余论》《局方发挥》《金匮钩玄》等书，当时医术研究乃渐盛，有人说是受了阿拉伯及欧洲医术的影响。

明代名医很多，著述亦繁，其中有王履整理仲景《伤寒杂病论》而作《医经溯洄集》二十一篇，又著《百病钩玄》二十卷，《医韵统》一百卷。李时珍编著《本草纲目》五十二卷，增药三七四种，尤为名著。

清代医学重要书籍，则有乾隆帝敕编的《医宗金鉴》。

总之中国医学，进展到汉晋时为止，以后进步很少。明代西学输入时，西洋医学似乎没有被介绍。到清嘉庆时，种痘法输入，然后西洋医学才逐渐传来。

目前国医亦仿西医设校传习，似乎有将私人秘传改为公开研究的趋势，但对于人体解剖、细菌检验、药物分析诸事，仍然不加以注意，实在无法走上现代学术的道路。今后对于中国药物与固有疗治方术的探讨和整理，应由新旧医界共负其责，才有办法。

应用技术

中国为农业及手工业相当发达的国家，但对农工技术的研究，很少专家。从《汉书·艺文志》的书目上看，周秦时期还有人注意，以后就没有了。

现存关于应用技术的书，除医书外，寥寥可数。最著者是《墨子》的第十四、十五卷，讲兵器，《考工记》讲一般工艺，北齐贾思勰的《齐民要术》讲农业，以及明代徐光启的《农政全书》，宋长庚的《天工开物》，清代包世臣的《齐民四术》。

《农政全书》六十卷，为我国讲农田水利、农器制造最完备的书，很受西法的影响。此外便只有西教士所著关于炮术与上述水力器械的几种书。

但在世界文化史上，有若干重要发明都是中国人在先或完全是中国人的功绩，如陶瓷制造、养蚕缫丝、拱形建筑、火药、罗盘、纸、活字印刷等。

中国隋唐五代时期，已有雕版印刷，到宋仁宗庆历中，平民毕昇发明活版，其时在十一世纪，但欧洲活字印刷的发明在十五世纪，比中国落后四百余年。

总之，宋元以前，中国还走在欧洲前面，明清时代，逐渐落后，而最近两三百年，便愈隔愈远了。

科学与迷信

科学在未发达时期，通常和迷信混在一道，我国古代所谓阴阳家言，是对于自然现象之科学解释，后来又流为迷信，因为阴阳、五行、八卦等都带有占星术的作用，而古代天文学则是和占星术相结合的。

周秦时发生的以星象分野说，将中国各区域按星象分配，而占验吉凶，即占星术的应用。后世儒家有日月食为上天警告人君的学说，又以所谓景星庆云象征治世，以山崩地震预兆乱离，而历代正史对于什么“客星犯帝座，就表示严子陵足加帝腹”“五丈原落星，就表示诸葛亮逝世”这一类的话，均不厌烦琐地加以记载。

古代医巫并称，近代国医也带有巫术的成分，如《验方新编》载有驱蚊法系于端午日黎明，由一人持扇在室内向外挥扇，一人低声问：“扇什么？”一人答：“扇蚊子。”如是反复三次，不让别人知道，可保一年无蚊。这样和巫术差不多同类的方子不止一个。

我国数学也有卜筮的性质，如清末流行的一种名叫《笔算数学》的书，内载一题，系算孕妇所怀的胎是男性抑女性的，其方法有一口诀：“七七四十九，问娘何月有，除去母生年，再加一个九。”由此可见一斑。

现在我们在研究国学以前，如不先受现代科学的洗礼，也将无法避免头脑之占卜星相化。

艺 术

我国艺术现在已赶不上西洋，但在古代，则尽可与他们抗衡。

我们的古代大建筑物亦多，可惜没有像古罗马建筑物一样好好保存到现代，令人瞻仰。例如秦之阿房，汉之未央、建章，隋之迷楼，这些有名的宫殿，六朝的浮屠等，现在徒然剩着史书的记载了。但如万里长城的伟大，及清代圆明园、颐和园建筑的壮丽，也曾令世人景仰。

除建筑物外，现存的商周铜器（钟鼎彝器），秦汉的石刻，汉晋的铜镜及符，六朝的佛像（凿石窟造像），如敦煌莫高窟千佛岩、大同及龙门的石佛，都很有名。

六朝尤其唐宋以来的书画，五代以来的瓷器，宋明以下的木刻，明以来的漆器、篆刻及器物雕刻、织物刺绣等，其中都有举世赞美的艺术品。

可是过去我们的艺术品，大半专为帝王贵族或富家巨室所享有，或供士大夫的清玩，还没有十分民众化。而且除琴棋书画篆刻为士大夫消闲游艺外，其余如建筑、造像、雕刻等，都是委之工匠们之手的。

这些传统的态度，今后都必须改变，艺术不应作为消闲之物而应用以表现大众的情感和时代思潮，艺术家必须有充分的现代知识和高尚的人格修养，这才能够促成伟大作品的产生。

绘画及书法篆刻

绘画在我国艺术中是造诣较高的一部门，书法篆刻则是由我国文字的特殊性而产生的特殊艺术。

绘画的历史开始于上古无文字时代，在文字记载上亦开始于周秦，但古代作品遗传至今日者，最早仅有战国时的漆器彩绘（近年长沙古墓中发现）及汉代的石刻（山东武梁祠及孝堂山），卷轴画最早的为晋代顾恺之的《女史箴图卷》。

汉代石刻画风与埃及石刻、希腊瓶绘相近。佛教东来后，中国画颇受印度影响，在题材上有佛教人物故事的选取，且引起道教画的产生，在画法上也有如张僧繇采用印度阴影法的一类表现（僧繇与顾恺之、陆探微为六朝三大画家，同时批评家则有谢赫）。

唐代为绘画史最重要的时期，融化中国与印度的画风，技巧与理论均具有规模，人物、山水、花鸟各种画法，也确立基础。至宋代而更加完美。但元代以后，画家一味模仿古人，没有创新精神，就赶不上唐宋了。

唐代画家，初期有阎立德、阎立本、尉迟乙僧等。乙僧为于阗国人，善作凹凸花，继张僧繇而提倡印度晕染的画法。当时画风仍承袭六朝细致刻画的传统，不甚流利活泼，题材仍以人物及道释两教为主。

盛唐时期，画风变为雄健活泼，已参合西域画法与中土传统而形成了新形式，其时著名画家，画道释人物（壁画）的有吴道子，青绿山水则有李思训，明董其昌所谓北派之祖也。水墨山水则有王维，董其昌所谓南派之祖也。画马的则有韩幹。他们各立一派，分庭抗礼，可说是中国画史的全盛期。

山水画自王维创水墨派后，张璪、王洽更进而创水墨写意一派，开辟了后世文人画的大路。

晚唐画风进于纯美术化，花鸟人物，各有大家。五代时南唐西蜀为绘艺中心，仍继晚唐作风。

宋代继西蜀南唐，设立画院，网罗画家。当时山水画，李成、范宽、董源，称北宋三大家，其后有米芾父子，而郭忠恕则以界画（楼台亭阁）自成一派。又有李公麟，长于人物素描，黄居寀、徐崇嗣长于花鸟。

北宋画家，院内、院外都有，作风也差不多，到南宋则院体画派形成，有刘（松年）、李（唐）、马（远）、夏（珪）四大家，作风偏重富丽精细，而缺少活泼天趣。

理论方面，唐以前著作真本失传，多系后人伪托，宋人著作都是真的，最著名的有郭思《林泉高致集》、韩拙《山水纯全集》及饶自然《山水家法》等，大致都主张注重气韵，不但要画得像，而且要传神，又极重文人业余之作，对于画匠，乃至画院中专门作画的文人都瞧不起。

这时期，宗教画已衰落了。而文人画中还有一种小品，如水墨画梅兰竹菊（从南宋起称“四君子”）的一种或数种，宋末郑思肖即以画兰著名。

元赵孟頫是仿古的画派。从他起，便形成了元明清三代的摹古画风。元代山水画四大家，为黄公望、王蒙、吴镇、倪瓒（倪迂）。李衎（息斋）则以写意画竹子著名，著有《竹谱》为最佳的画法书。当时谈画理的，则大致都主张师古，要有古意。

明代设有翰林图画院，造成一种院画风格，这种画是模仿南宋的。但有一个林良，创立花鸟的写意画。临摹最广博的有戴进，为浙派的创始人，这派还有吴伟、蓝瑛。明代后期为文人画时期，以吴派为中枢，画家有沈周、文徵明、董其昌等。沈、文与院派之唐寅（伯虎）、仇英（十洲）称为明代四大家。他们都是临摹古画的。

明代画家临摹古人，不限一派，到清代临摹以黄公望、董其昌为正宗，画风愈不振，始终不过是软媚枯淡的吴派，代表者有所谓四王，即王时敏、王鉴、王翚（石谷）、王原祁，后两王更有力，后来学他们的形成虞山、娄东两派。此外还有恽格、吴历两人，也有名。

清康乾间编印的绘画出版物有《佩文斋书画谱》及《佩文斋题画诗钞》两大部书，搜罗历代绘画史料、绘画理论，极为完全。其余论画著作还有百数十种，晚近流行的《芥子园画谱》，编制由浅入深，尤合于科学方法，颇便初学参考。

书法艺术化，开始于魏晋时期，魏之钟繇，晋之王羲之，是早期的书法大家。继之者南北朝有谢灵运等，隋朝有赵孝逸等，而唐代尤为名家辈出，最著名的是虞世南、欧阳询、褚遂良、张旭、颜真卿、柳公权等。

宋代书法家也多，以蔡襄、米芾、苏轼、黄庭坚等为最著。米、苏两人都以画家而兼长书法。

元代的赵孟頫也兼工书画，为一代宗主。明清画家也多兼长书法。最著者为董其昌。所以元明清有题画的风气，和唐宋画人将名字暗藏画中的习惯不同。

明代专以写字著名的有祝允明、王维登、王世祯、邢侗等。清代著名书法家有刘墉、翁方纲、钱大昕、阮元、吴荣光、何绍基等。

篆刻一艺，自元末王元章开始，为文人爱赏。明穆宗时，顾汝珍作《印薮》，集各种古印形式，流行于世。清代镌印，初期有两名家，乾嘉间有七家，另有西泠六家，分为种种流派，近人乃作《印人传》，详加分析。

从前的人说书画是雕虫小技，以现代眼光看来，书法篆刻，的确是小技，但绘画则是民众可以共同享有的艺术，它具有伟大的价值和无限发展的前途。

今天西洋绘画已经输入，各种新型的画具和技巧，特别是关于透视、阴影、色彩诸端的科学原理，可以供国画家参考和汲取，可以补充过去国画的缺陷。

我们的国画家大可以一扫元明清三代的仿古积习，恢复唐宋时代创造与写生的作风，融合中西画法的优点，写现代生动的题材，以创造新形式的国画，不必以“古意”和西画对立了。

音　乐

我国的音乐尚不如绘画进步，当然比现代的西洋音乐落后很多。可是我们古时的音乐水准，并不在西洋之下。

西洋古希腊发明十二律的时候，我国也从五音、六律、七律而达到十二律的发明。

五音即宫、商、角、徵、羽，代表ㄨㄛㄜㄧㄩ五个由低而高的声音，是歌唱时的音阶。六律是六支长短不同的竹管，可以吹奏六个高低不同的音，大约就是五音以外再加一个变宫。后来又加一个变徵，就是七律。这七个音的次序如果是从徵开始，即徵、羽、变宫、宫、商、角、变徵，则与风琴上CDEFGAB七音相同，半音都在第三、四音及第七、八音之间。不过我国古代是以宫为第一音的。

十二律则系在此七音之间再插入五个音，好像风琴上七个白键之间插入五个黑键一样。十二律的名称和次序，是黄钟、大吕、太簇、夹钟、姑洗、仲吕、蕤宾、林钟、夷则、南吕、无射、应钟。这十二律是十二个固定的音，还可以加上长度加倍的一组（倍律）为低音部，长度折半的（半律）为高音部。

战国时发明十二律旋相为宫，那宫、商等七音便成了哆来咪发似的唱音，可以从任何律开始，以形成高低不同的调式。

据《管子》《吕氏春秋》《史记》等书记载，这十二律管的长度有一定比率，如四比三或三比二是，因之就有所谓“三分损益”的理论。

三分损益包含减三分之一及增三分之一的两种关系，如以黄钟为基本律，依黄钟那根竹管的长度减三分之一，而成较短的林钟，就叫作黄钟下生林钟。再以林钟的长度作标准增加三分之一，而做成稍长的太簇律管，就叫作林钟上生太簇。照这个样子，太簇又下生南吕，南吕又上生姑洗，姑洗下生应钟，应钟上生蕤宾，蕤宾又上生大吕，大吕下生夷则，夷则上生夹钟，夹钟下生无射，无射上生仲吕，仲吕下生半律黄钟。

古希腊十二律也是根据三分损益的原则制定的，但系用弦定音，不用竹管。我国至西汉末年，京房也发明用弦定音。这种由三分损益原则而规定的十二律，包含大、小两种半音，半律黄钟也太高了，并不是纯八度音程，很不便于旋相为宫。所以到了南北朝宋元嘉中，何承天发明十二平均律，使每个半音相等，而高音黄钟恰好比黄钟高八度。但他还没有计算到十分精密。

到明代朱载堉，便将何氏理想完全实现，西洋人至一六九一年方才发明十二平均律，比何氏迟了一千二百年，比朱氏也迟了一百年。

我国雅乐中最重要的乐器，包括钟、鼓等敲击乐器，笙、箫等管乐器，琴、瑟等弦乐器三类。而最重要的是七弦琴。但七弦琴音过低，不便于在大庭广众中演奏。

现在雅乐已不流行，仅文庙祭祀时采用它，并与古舞相配合，因为雅乐的传统在南北朝时已经中绝，唐宋以后，只知机械地师古而不能改进它，因此就不足重视了。

南北朝时，因为阿拉伯琵琶经龟兹传入中国，我国音乐于是开始胡乐化，同时雅乐俗乐化。

唐宋时代，音乐重心已不是雅乐而是燕乐。唐代燕乐即梨园乐，是伴奏歌舞及简单戏剧的，以琵琶为主乐。

宋代燕乐，以觱篥为主乐，觱篥也是从龟兹传来的，是管乐器。

元明以来，歌剧发达，伴奏音乐足以代表当时的国乐，而主要乐器也无不是外来的。元曲伴奏以三弦为主，南曲伴奏以笛为主，昆曲盛行后，无论南北曲，均用小工笛伴奏。

皮黄戏之主乐为京胡，梆子戏之主乐为胡呼。笛系汉代西域传来的“横吹”，三弦胡琴来自蒙古。近代昆曲与皮黄的盛衰，和音乐颇有关系。昆曲以乐曲迁就字音，违背了歌唱艺术的主要原则，所以失去了它的地位。皮黄代兴，牺牲字音以迁就乐调，颇有流畅自然之美，但乐曲只有几个固定的，变化太少。而昆曲与皮黄两种东西，都不能像西洋音乐一样，以音乐描写词句的意义，使人于未听词句以前，一闻音乐，就已大受感动。这尤其是我国音乐落后的表现。

我国器乐单奏，在周代即有俞伯牙《高山流水》的名曲，晋代亦有嵇康的《广陵散》。复音音乐也发生很早，《周礼》所称“奏黄钟，歌大吕”，即短二阶的歌奏和声。

西洋复音音乐产生于十世纪，在《周礼》出世后八九百年。然而在今天，西洋音乐大进步，而我国国乐水准还和数千年或数百年前一样，甚至退化了。我们在输入西洋音乐之余，是不是可以借助于西洋现代音乐，而改造国乐乐器与乐曲等以成新型的国乐呢？这就是新音乐家与国乐家的共同责任了（国乐书籍有宋沈括《梦溪笔谈》，明朱载堉《乐律新书》，清陈澧《声律通考》等）。